어찌하여

일러두기

- 이 책은 《요한복음 강해(제1집)》(1986)의 전면 개정판입니다.
- 이 책에서는 개역개정판 성경을 인용하였습니다.
- 성경을 인용할 때, 절의 전체를 인용할 경우에는 큰따옴표(" ")로, 절의 일부를 인용할 경우에는 작은따옴표(' ')로 표기하였으나 예수님이 직접 하신 말씀을 인용한 경우에는 때에 따라 큰따옴표로 표기하였습니다.
- 본문에 《 》로 표기된 것은 도서를, 〈 〉로 표기된 것은 도서 외 작품을 가리킵니다.

어찌하여

2016년 7월 25일 초판 1쇄 발행
2023년 2월 22일 초판 2쇄 발행

지은이 박영선
기획 강선, 윤철규
편집 문선형, 정유진
디자인 잔
제작 강동현
펴낸이 최태준
펴낸곳 무근검
주소 서울특별시 송파구 올림픽로 4길 17, A동 301호
홈페이지 www.facebook.com/lampbooks **전화** 02-420-3155 **팩스** 02-419-8997
등록 2014. 2. 21. 제2014-000020호
ISBN 979-11-875060-0-3 04230
ISBN 979-11-952368-9-3 04230 (세트)

ⓒ 박영선 2016
이 책의 저작권은 저자와 남포교회출판부가 소유합니다.
신저작권법에 의하여 한국 내에서 보호받는 저작물이므로 무단 전재와 복제를 금합니다.

이 도서의 국립중앙도서관 출판시도서목록(CIP)은
서지정보유통지원시스템 홈페이지(http://seoji.nl.go.kr)와
국가자료공동목록시스템(http://www.nl.go.kr/kolisnet)에서 이용하실 수 있습니다.
(CIP제어번호: CIP2016016601)

어찌하여

JOHN 04-05

How come you, a Jew,
are asking me

박영선 지음

…당신은 유대인으로서 어찌하여 사마리아 여자인 나에게 물을 달라 하나이까… (요 4:9)

서문

이 설교집은 30년 전에 남포교회를 막 개척할 때 했던 요한복음 설교입니다. 설익은 시절 단 하나의 진심만을 붙잡았던 그때는 성경을, 기독교 신앙을 무엇이라고 이해하고 있었는지, 어떻게 살아야 한다고 성경 말씀을 들이댔는지 돌아보게 되었습니다.

신앙인들 각자마다 하나님의 부르심과 신앙을 확인하는 여정이 동일하거나 획일적일 수는 없지만 그 모든 고백과 감동은 오직 예수로 귀결됨을 실감합니다. 그래서 예수를 믿는 것, 알아 가는 것, 이해하는 것이 신앙의 진수이며 위대한 인생이라고 증언할 수 있게 되었습니다. 젊은 시절의 열정과 순진한 증언으로 이 사실을 전한 설교가 일흔을 바라보는 지금의 눈에는 신기하기만 합니다.

우리의 설명과 도전에는, 경험이 쌓이며 어떤 기술적 진전이 있었는지 몰라도 우리가 증언하는 구세주 예수는 오늘이나 내일이나 언제나 영원토록 동일하시다는 진리에 새삼스레 북받칩니다. 우리의 설명보다 우선하는 그의 성실과 자비와 사랑과 권능이 주권과 섭리로써 역사와 모든 인생에 함께하셨음을 봅니다. 그 거룩하심과 위대하심에 동참하라는 한결같은 성의와 사랑을 거듭 확인합니다. 기꺼이 모든 것을 바쳐 섬기며 기뻐하겠습니다.

2016. 7.
박영선

《어찌하여》를 펴내며

이 책은 박영선 목사가 1985년 1월부터 4개월에 걸쳐 전한 요한복음 설교를 담고 있습니다. 새로 설립된 남포교회 강단에서 처음 선포된 설교가 요한복음 4장 강해였습니다. 박영선 목사는 이후 30년이 넘는 세월을 이 강단에서 설교하게 됩니다. 새롭게 시작되는 교회 분위기 때문인지 이 강해 곳곳에 교회는 어떤 곳이며 어떤 모습을 띠어야 하는지에 대한 고민이 묻어 있습니다.

요한복음 4장과 5장에는 예수님이 여러 사람을 만나신 이야기가 담겨 있습니다. 4장에는 유대인들이 멸시하던 사마리아에 사는 한 여인이 나옵니다. 이 사람은 정오 햇살이 뜨거울 때 굳이 물을 길으러 나왔다가 예수님을 만납니다. 이미 남편이 다섯이나 있었고, 지금 함께 사는 사람도 남편이 아닌 이 기구한 여인과 예수님은 무슨 이야기를 나누셨을까요?

그다음 5장에는 서른여덟 해나 앓고 있던 병자가 나옵니다. 예루살렘의 베데스다라는 연못 곁에는 병자들이 잔뜩 모여 있었습니다. 물이 출렁이기만 하면 가장 먼저 물에 들어가 병을 고쳐 보겠다고 벼르고 있었던 것입니다. 몸을 제대로 가누지 못하는 이 사람도 연못가에 누워 기다리고 있었습니다. 그러나 제 힘으로 움직이지도 못하는 사람에게 기회가 오기는 어려웠을 것입니다. 마침 명절이어서 예루살렘에 올라가신 예수님이 이 사람을 만나십니다.

이 두 이야기 사이에는 예수님이 왕의 신하를 만나신 일이 기록되어 있습니다. 유대 땅에 머무시던 예수님이 사마리아를 거쳐 갈릴리 가나에 이르시는데, 아들의 병을 고쳐 달라고 가버나움에서 찾아온 왕의 신하와 만나게 됩니다. 이 사람은 예수님이 자기 집까지 동행하셔서 아픈 아들을 직접 만나 병을 고쳐 주시길 바랐습니다. 그런데 예수님은 한 마디 말씀만 하시고 그를 집으로 돌려보내십니다.

앞서 요한복음 3장에서 예수님이 유대 사회의 유력한 사람인 니고데모와 만나셔서 거듭남이라는 진지한 주제로 대화를 나누셨던 것을 기억해 보면, 예수님에게 이 만남들이 중요했을까 하는 생각이 듭니다. 만나는 사람들도 격이 낮아 보이고, 나누는 대화도 니고데모 때처럼 무게 있는 것 같지 않습니다. 그런데도 요한복음 4장과 5장은 이런 만남에 주목하고 있습니다. 예수님이 이들을 만나 힘써 이루신 일이 있다는 이야기일 것입니다.

이 만남으로 무슨 일이 일어난 것일까요? 예수님을 만난 사람들은 무엇을 경험하게 되었을까요? 이 책에서 저자는 예수님을 만난 사람들이 자신들의 문제보다 더 깊고 중대한 주제로 나아가게 되었다고 설명합니다. 예수님을 통해 사람들은 자신에 대해, 하나님에 대해 생각지도 못한 것을 깨닫게 됩니다. 그래서 사람들은 예수님을 만나기 전에 살았던 방식으로는 살 수 없게 됩니다. 이 책은 예수님과의 만남에서 열리는 깊은 신앙의 세계를 추적합니다.

그 사람들을 만나셨던 예수님이 우리에게도 오셨습니다. 이제 우리는 예수님과의 만남을 통해 무엇을 경험하게 될까요? 예수님 앞에서 사마리아 여인은 물었습니다. "당신은 유대인으로서 어찌하여 사마리아 여자인 나에게 물을 달라 하나이까?" '같은 사마리아 사람들도 거들떠보지 않는 나에게 이 유대인 남자가 말을 걸다니 이것이 무슨 일일까?' 하고 놀라며 한 말입니다. 우리를 찾아오신 예수님에게 우리는 무슨 말을 하게 될까요? 예수님과의 만남을 통해 우리는 어디로 나아가게 될까요? 이 책을 따라 예수님과의 만남이 열어 놓는 길을 따라가 보기로 합시다.

남포교회출판부 드림

차례

서문 —— 006
《어찌하여》를 펴내며 —— 008

1 하나님에게 매달리는 자 (요 4:1-9) —— 014

2 우리를 깨우치시는 예수님 (요 4:1-9) —— 026

3 설명되지 않는 은혜 (요 4:7-9) —— 038

4 은혜로 가능한 것 (요 4:9-10) —— 050

5 창세전에 목적하신 구원 (요 4:11-19) —— 062

6 참된 예배 (요 4:20-24) —— 076

7 열심히 찾아오시는 예수님 (요 4:31-38) —— 092

8 예수님을 아는 것 (요 4:39-42) —— 106

9 목적이 아닌 수단 (요 4:46-53) —— 120

10 값없이 주신 은혜 (요 5:1-9) —— 134

11 은혜를 입은 자들의 명절 (요 5:10-18) —— 146

12 유일한 중보자 (요 5:24-29) —— 158

13 아버지께서 이루게 하시는 역사 (요 5:30-36) —— 172

14 하나님의 영광 (요 5:37-47) —— 184

01

하나님에게
매달리는
자

1 예수께서 제자를 삼고 세례를 베푸시는 것이 요한보다 많다 하는 말을 바리새인들이 들은 줄을 주께서 아신지라 2 (예수께서 친히 세례를 베푸신 것이 아니요 제자들이 베푼 것이라) 3 유대를 떠나사 다시 갈릴리로 가실새 4 사마리아를 통과하여야 하겠는지라 5 사마리아에 있는 수가라 하는 동네에 이르시니 야곱이 그 아들 요셉에게 준 땅이 가깝고 6 거기 또 야곱의 우물이 있더라 예수께서 길 가시다가 피곤하여 우물 곁에 그대로 앉으시니 때가 여섯 시쯤 되었더라 7 사마리아 여자 한 사람이 물을 길으러 왔으매 예수께서 물을 좀 달라 하시니 8 이는 제자들이 먹을 것을 사러 그 동네에 들어갔음이러라 9 사마리아 여자가 이르되 당신은 유대인으로서 어찌하여 사마리아 여자인 나에게 물을 달라 하나이까 하니 이는 유대인이 사마리아인과 상종하지 아니함이러라 (요 4:1-9)

니고데모와 사마리아 여인

본문에는 예수님이 수가 동네에 가셔서 어느 사마리아 여인과 대화를 나누시고 그 여인을 구원하신 사건이 나옵니다. 1절은 그냥 지나치기 쉬운데 주의해서 볼 필요가 있습니다. "예수께서 제자를 삼고 세례를 베푸시는 것이 요한보다 많다 하는 말을 바리새인들이 들은 줄을 주께서 아신지라." 언뜻 보기에 이 구절은 성경에 기록될 만한 내용이 아닌 것 같습니다.

요한복음 21장 25절에 "예수께서 행하신 일이 이 외에도 많으니 만일 낱낱이 기록된다면 이 세상이라도 이 기록된 책을 두기에 부족할 줄 아노라"라는 말씀이 나옵니다. 예수의 행적을 책에 낱낱이 기록한다면 이 세상을 전부 도서관으로 삼아도 그 책들을 보관하기에 부족할 것이라는 말입니다. 그래서 그 많은 내용 중에 특별하고 필요한 사건들만 가려서 썼다는 것입니다. 이러한 서술 방식을 염두에 둔다면 특별하고 중요한 사건만 가려서 기록해야 할 텐데 4장 1절은 이 방침에서 벗어난 것처럼 보입니다.

그러나 1절은 우리 생각과 달리 중요합니다. 이 구절을 사건의 배경으로 알고 있지 않으면 4장 사건의 전체 그림을 제대로 이해할 수 없기 때문입니다. 요한복음 4장은 그 위치부터 중요한 메시지를 담고 있습니다. 요한복음 3장에는 니고데모의 이야기가 나옵니다. 4장에는 사마리아 여인의 이야기가 나옵니다. 4장 1절 말씀은 이 두 이야기가 나란히 놓여 중요한 대조를 드러내고 있다는 것을 이해하는 데 도움을 주며, 이러한 대조는 참으로 중요한 기독교의 본질을 보여 줍니다.

예수님의 많은 행적 가운데 왜 하필이면 니고데모의 이야기와 사마리아 여인의 이야기가 3장과 4장에 연이어 기록되어 있을까요. 결론부터 말하자면 이런 뜻이 있습니다. 니고데모가 예수님을 찾아온 이야기를 통하여, 구원은 니고데모 자신으로 인하여 생겨난 결과가 아니라는 것, 즉 구원을 얻기 위해 인간이 기여할 것은 아무것도 없다는 사실이 지적됩니다. 우리가 구원을 위해 할 수 있는 일이 없다면 어떻게 구원을 얻을 수 있을까요? 이에 대해 3장 16절에서 예수님은 "그래서 내가 그런 너희를 사랑하여 너희의 죄를 대신 지고 죽으러 왔노라"라고 선언하십니다. 이 말씀이 니고데모 사건의 결론입니다. 즉 하나님이 찾아오셨다는 것입니다.

하나님이 찾아오신 일이 얼마나 구체적이고 감격스러운 것인지를 설명하기 위하여 4장에 사마리아 여인이 등장합니다. 구원받을 자격이나 조건도 없고 예수님을 원치도 않고 그의 필요성조차 깨닫지 못하는 여인에게 예수님이 친히 찾아가셔서 구원을 베푸시는 장면이 나옵니다. 예수님이 친히 찾아가신 이 여인을, 예수님을 찾아왔으나 거절당한 니고데모와 대조하면서 하나님의 찾아오심이 어떤 것인지 보여 주고 있습니다. 3장 16절을 분기점으로 하여 니고데모 사건과 사마리아 여인의 사건이 대조되고 있는 것입니다.

요한복음 3장과 4장에서 일어난 일을 비교해 봅시다. 3장의 니고데모는 지위가 높은 유명한 사람이었습니다. 3장 1절에 보면 '바리새인 중에 니고데모라 하는 사람이 있으니 유대인의 지도자'라고 되어 있습니다. 그는 유대인들의 최고 종교회의인 산헤드린의 회원이었습니다. 당시 유대 사회에서 지도적 위치에 있던 사람이었습니다.

한편, 4장의 여인은 이름조차 나와 있지 않습니다. 다만 18절의 "너에게 남편 다섯이 있었고 지금 있는 자도 네 남편이 아니니 네 말이 참되도다"라는 구절에서 여인의 신분을 미루어 짐작할 수 있습니다. 여인에게 남편이 다섯이나 있었다고 합니다. 남편이 다섯인 사람은 요즘 시대에도 잘 없습니다. 그러니 여인의 삶은 평범하지 않고 사연이 많은 인생이었을 것입니다. 또 물을 길으러 혼자 우물에 왔다는 것을 통해서도 여인의 처지를 짐작할 수 있습니다. 보통 이 지방에서는 서늘해질 무렵에 여럿이 함께 나와 물을 길었습니다. 그런데 여인은 혼자 여섯 시쯤 물을 길으러 왔습니다. 당시 유대인의 시간 개념은 지금 우리의 시간 개념과 달라 6절에 나온 '여섯 시'는 지금 우리의 시간으로 낮 열두 시를 가리킵니다. 이 뜨거운 정오에 혼자서 물을 길으러 나온 것을 보면 여인은 종이거나 사람들이 상대해 주지 않는 비천한 처지였을지도 모롭니다.

이렇게 대조적으로 보이는 두 사람에게 예수님이 하시는 말씀은 무엇이었습니까. 높은 지위에 있어 부족할 것 하나 없어 보이는 니고데모에게 예수님은 이렇게 말씀하십니다. "진실로 진실로 네게 이르노니 사람이 거듭나지 아니하면 하나님의 나라를 볼 수 없느니라." 바로 앞 구절에서 니고데모는 예수님에게 이렇게 말했습니다. "랍비여 우리가 당신은 하나님께로부터 오신 선생인 줄 압니다. 당신이 행하시는 표적은 하나님이 함께하시지 않으면 아무도 보일 수 없습니다." 니고데모의 말과 예수님의 대답이 어긋나 보입니다. 니고데모의 찬사에 대한 예수님의 답이 적절해 보이지 않습니다. 니고데모는 "선생님은 참 대단하십니다. 제가 본 사람들 중 최고인 것 같습니다"라고 말하고 있습니다. 그런데 예수님은 느닷없이 "사람이 거듭나지 아니하면 하나님 나라를 볼 수 없느니라"라고 하십니다. 니고데모의 말에 찬물을 끼얹는 말씀입니다. "넌 하나도 제대로 보지 못했다. 네가 이야기한 것 중에 내 마음에 드는 것은 하나도 없다"라는 것입니다. 그러나 수가 여인에게는 이렇게 말씀하십니다.

> 예수께서 대답하여 이르시되 네가 만일 하나님의 선물과 또 네게 물 좀 달라 하는 이가 누구인 줄 알았더라면 네가 그에게 구하였을 것이요 그가 생수를 네게 주었으리라 (요 4:10)

여인은 아무것도 요구하지 않았고 심지어 예수님을 찾지도 않았습니다. 그런데 오히려 예수님이 여인에게 찾아가서 가르쳐 주십니다. "네가 나에게 마땅히 구할 것을 못 구하고 있구나"라고 말씀하시며 먼저 여인에게 다가가십니다. 일부러 찾아오는 열심을 내고 찬사까지 보낸 니고데모에게는 찬물을 끼얹으셨는데 말입니다. 니고데모 이야기와 대조되는 요한복음 4장의 이 장면은 기억해야 할 대목입니다.

참다운 신자의 조건

성경은 수가 여인의 이야기를 왜 기록하고 있을까요? 성경은 이 사건을 통해 '자기의 것을 꺼내 놓고 자랑하는 것은 기독교가 아니다'라는 것을 강조하고 싶어 합니다. 본문은 이 문제를 지적하고 있습니다. 이렇게 볼 때 요한복음 4장은 유대인들을 향한 메시지가 되는 것입니다.

  3절과 4절을 다시 봅시다. "유대를 떠나사 다시 갈릴리로 가실새 사마리아로 통행하여야 하겠는지라." 예수님은 갈릴리로 가시던 중이었습니다. 예수님의 공생애 중에 가장 오랜 시간 동안 사역하신 곳이 바로 갈릴리입니다. 마태복음 4장 15절에 보면 '이방의 갈릴리여'라는 표현이 나옵니다. 그런데 예수님은 공생애 사역 중에 이방인을 위하여 적극적으로 일하시지 않았습니다. 이방인은 사역의 대상이 아니었습니다. 이방인에 대한 전도는 십자가 사역을 완성하고야 가능했던 일입니다. 그런데 지금 예수님이 유대를 떠나 갈릴리로 가십니다.

  요한복음 4장에서 갈릴리를 짚어 언급하는 것은 예수님이 유대를 떠나 갈릴리로 갈 수밖에 없었음을 암시합니다. 예수님은 시역의 대상인 유대를 떠나 갈릴리로 돌아가고 있습니다. 여기서 유대인이 얼마나 하나님 나라와 떨어져 있는지에 대해 예수님이 날카롭게 지적하시는 것을 보게 됩니다. 그런 이유로 3장에 니고데모가 등장했던 것입니다. 또한 이 점을 대조하여 강조하려고 4장에 수가 여인을 등장시킨 것입니다.

기독교란 무엇이며 참다운 신자란 어떤 사람입니까? 참된 신자는 '제가 무엇을 하여야 구원을 얻으리이까'라고 물어 자기를 증명하는 사람이 아니라 '주여, 도와주시옵소서'라고 주께 의존하는 사람입니다. 자기 것을 꺼내 놓고 자랑할 수 없다는 것을 고백하는 사람입니다.

신자는 다른 사람에게 줄 만한 것을 갖고 있지 않습니다. 내가 가진 성경 지식, 내가 가진 진심, 내가 하는 기도로 옆 사람에게 도움을 줄 수 없습니다. 우리는 하나님에게 매달리기만 할 수 있습니다. 하나님이 내 옆에 있는 사람에게 손을 뻗치시도록 요청할 뿐입니다. 이것이 신자가 할 수 있는 일입니다. 그런데 우리는 이 사실을 자꾸 잊어버립니다. 내가 예수를 믿게 되었으니 내가 주를 위하여 헌신해 하나님 앞에 보란 듯이 열매를 내놓는 것을 신자의 생활이라고 착각합니다. 그러나 신앙은 그런 것이 아닙니다.

신자들 사이의 가장 큰 갈등은 자기의 것을 비교하는 데서 옵니다. "나는 올해 열 사람이나 전도했다", "나는 비록 세 명 전도했을 뿐이지만 내가 데려온 셋이 네가 데려온 열보다 더 대단하다"라며 싸웁니다. 이런 비교는 성경이 말하는 것과 얼마나 거리가 먼 것입니까. 다시 니고데모 이야기로 돌아가서 성경이 무엇을 이야기하는지 살펴봅시다.

예수님이 니고데모에게 지적하시는 것이 무엇입니까. '네가 거듭나지 아니하면 나를 알고 있는 것이 아무 소용없다'라는 것입니다. '네가 세상의 안목과 척도로 나를 바라보고 나에게 힘과 능력과 방법을 배워 네 것으로 만들 수 있다고 생각하는 한, 너는 아직 멀었다'라고 하시는 것입니다. 신자는 하나님으로부터 능력을 얻어 내어 자기 것으로 삼는 자가 아닙니다. 신자는 자기가 무엇을 가졌는지에 관심이 없습니다. 신자의 관심은 오직 하나님에게 얼마나 더 많이 매달리는지에 있습니다.

하나님이 어느 때에 움직이시는가, 하나님이 어떤 일은 꼭 해주시는가, 피 흘리는 것을 감수해서라도 하시고야 마는 것은 무엇인가를 아는 것이 성숙한 신앙의 지표입니다. 성숙한 신앙인의 관심은 하나님에게만 있습니다. 자기가 무엇을 가지고 있는지는 중요하지 않습니다. 교회에 처음 나온 초신자이든 30년 다닌 사람이든 서로 비교할 것이 없습니다. 누구에게든 중요한 것은 하나님의 일하심입니다. 이것이 수가 여인에게 하신 말씀 속에 담겨 있는 의미입니다. "내가 누구인 줄 알았더라면 네가 내게 구하였을 것이요 내가 네게 주었으리라." 굉장히 중요한 이야기입니다.

하나님은 전적으로 하나님을 의존하는 사람에게 나타나십니다. 이 점이 4장 뒷부분에 다시 강조됩니다. 요한복음 4장 30절부터 봅시다. 제자들이 먹을 것을 구하러 동네에 갔다가 예수님에게 돌아옵니다.

> 그들이 동네에서 나와 예수께로 오더라 그 사이에 제자들이 청

하여 이르되 랍비여 잡수소서 이르시되 내게는 너희가 알지 못하는 먹을 양식이 있느니라 제자들이 서로 말하되 누가 잡수실 것을 갖다 드렸는가 하니 예수께서 이르시되 나의 양식은 나를 보내신 이의 뜻을 행하며 그의 일을 온전히 이루는 이것이니라 너희는 넉 달이 지나야 추수할 때가 이르겠다 하지 아니하느냐 그러나 나는 너희에게 이르노니 너희 눈을 들어 밭을 보라 희어져 추수하게 되었도다 (요 4:30-35)

'희어져 추수하게 되었도다'라는 말이 왜 나올까요? 넉 달이 지나야 추수할 때가 이르겠다는 제자들의 생각은 자연법칙에 따른 판단입니다. 추수하기 넉 달 전이니 5, 6월쯤일 것입니다. 그런데도 예수님은 추수할 때가 되었다고 하십니다. 영적인 관점에서 보았을 때는 벌써 낟알이 다 영글어 추수하게 되었으니 이제 베어야겠다고 하시는 것입니다. 벼를 벨 때는 벼 이삭이 익었는지 그 상태를 먼저 확인합니다. 그렇다면 지금이 추수할 때라고 하신 것은 누구를 보고 하신 말씀일까요. 예수님이 이 말씀을 하신 때는 사마리아 여인과 대화하신 직후입니다.

3장과 4장을 다시 비교해 봅시다. 모든 것이 준비되고 예수님이 누구신 줄 알고 찾아온 사람이 "주여! 당신 같은 이는 없습니다"라고 했을 때 예수님은 "너는 거듭나야 되겠다"라고 하셨습니다. 그런데 남편이 다섯이나 있었고 미천하기 그지없던 사마리아 여인과 대화하시고 난 후에는 "추수할 때가 되었다"라고 하셨습니다. 예수님의 반응이 이해됩니까?

이미 준비가 다 되어 보이는 사람에게는 "거듭나야 한다"라고 하시고 부족해 보이는 사람에게는 "다 되었다"라고 하시는 것입니다. 선뜻 이해되지 않는 말씀입니다. 이해를 돕기 위해 세상의 기준으로 이야기해 봅시다. 믿지 않는 사람에게 교회에 가자고 하면 뭐라고 합니까? 어떤 사람은 술, 담배를 끊은 다음에 떳떳해지면 가겠다고 합니다. 그 사람은 계속 그렇게만 이야기할 것입니다. 그러니 아직 시작도 못한 사람입니다.

그런데 어떤 사람은 "나 같은 사람이 교회에 나가도 될까? 그럼, 나 좀 잡아 줘라"라고 합니다. 이런 사람을 보고 예수님은 "희어져 추수할 때가 되었다"라고 하시는 것입니다. 이런 사람에게는 구원이 벌써 시작된 것입니다. 이것이 우리가 자꾸 잊어버리는 기독교의 본질입니다.

먼저 찾아오신 하나님

우리도 사마리아 여인과 똑같은 자리에 있다가 구원을 얻었습니다. 그런데도 우리는 구원에 필요한 어떤 조건을 우리가 갖추고 있었던 것처럼 생각합니다. 구원받지 못한 사람들에게 자신을 과시하면서 니고데모인 척합니다. 그러나 우리는 모두 사마리아인입니다. 그런 자리에서 부름 받았습니다.

하나님이 우리를 찾아오셨지, 우리가 하나님을 찾은 적이 없습니다. 그가 오셔서 우리를 부르시고 두드리셔서 갈급하게 하시고 예수를 믿게 하신 것입니다. 그런데도 우리는 끊임없이 우리의 이력서를 덧붙입니다. 이런 우리에게 예수님은 사마리아 여인을 보여 주시며 "희어져 추수하게 되었다"라고 하십니다. 얼마나 놀라운 말씀입니까. 신자에게 가장 필요한 것은 '내가 나 된 것은 하나님의 은혜'(고전 15:10)라는 말씀입니다.

우리는 그저 예수님의 옷자락을 붙잡을 뿐입니다. 다 똑같이 예수님의 옷자락을 붙잡고 겨우 따라가는 사람인 주제에 오른손으로 붙잡았는지 왼손으로 붙잡았는지 싸울 필요가 있겠습니까. 요한복음 4장이 우리에게 하는 말이 바로 그것입니다.

예수님이 보실 때 우리는 누구와 같을까요? 예수님의 배척을 받고 있는 바리새인입니까, 아니면 예수님의 초대를 받는 사마리아인입니까. 우리는 누구입니까. 예수를 믿는다는 것이 무엇을 의미합니까. 우리의 가장 중요한 자격과 권리는 무엇입니까. 스스로에게 물어보십시오. 다시 한 번 무릎을 꿇어 예수 그리스도께 모든 것을 구하고 그분이 나의 힘이요, 능력이요, 구원자인 것을 확인하십시오.

우리는 늘 니고데모로 돌아가 있습니다. 4장으로 돌아오십시오. 그리고 나서 살펴보십시오. 과연 나는 사마리아 여인이었던가, 아니면 니고데모였던가. 하나님 앞에 자존심을 세우고 싶은 마음을 매일 경계하고 그것과 피 흘리도록 싸워야 합니다. 그리고 이 싸움에서 승리해야 합니다.

02

우리를
깨우치시는
예수님

1 예수께서 제자를 삼고 세례를 베푸시는 것이 요한보다 많다 하는 말을 바리새인들이 들은 줄을 주께서 아신지라 **2** (예수께서 친히 세례를 베푸신 것이 아니요 제자들이 베푼 것이라) **3** 유대를 떠나사 다시 갈릴리로 가실새 **4** 사마리아를 통과하여야 하겠는지라 **5** 사마리아에 있는 수가라 하는 동네에 이르시니 야곱이 그 아들 요셉에게 준 땅이 가깝고 **6** 거기 또 야곱의 우물이 있더라 예수께서 길 가시다가 피곤하여 우물 곁에 그대로 앉으시니 때가 여섯 시쯤 되었더라 **7** 사마리아 여자 한 사람이 물을 길으러 왔으매 예수께서 물을 좀 달라 하시니 **8** 이는 제자들이 먹을 것을 사러 그 동네에 들어갔음이러라 **9** 사마리아 여자가 이르되 당신은 유대인으로서 어찌하여 사마리아 여자인 나에게 물을 달라 하나이까 하니 이는 유대인이 사마리아인과 상종하지 아니함이러라 (요 4:1-9)

수가의 역사적 배경

본문을 보면 예수님이 사마리아 여인에게 물을 달라고 하십니다. 왜 물을 달라고 하셨을까요. 6절을 보면 피곤하여 우물가에서 물을 마시며 쉬고자 하셨던 것 같습니다. 하지만 다른 이유를 생각해 볼 필요가 있습니다. 31절 이하를 보면 음식을 구하러 간 제자들이 양식을 가지고 돌아와 예수님에게 권하자, 예수님은 "내게는 너희가 알지 못하는 양식이 있다"라고 답하십니다. 제자들이 가져온 음식을 앞에 두고도 "내게는 양식이 있다"라고 말씀하시는 예수님의 모습을 보면 사마리아 여인에게 물을 달라고 하신 일에는 단순히 물을 요구하는 것 이상의 의미가 담겨 있다고 짐작할 수 있습니다. 이렇게 볼 때 예수님은 그저 피곤하고 목이 말라 이 여인에게 말을 거신 것이 아닙니다. 물을 요구하신 행동의 의미가 무엇인지 알기 위해 이 대화가 이루어지고 있는 수가의 역사적 배경을 먼저 생각해 봅시다.

5절을 보면 수가 마을은 야곱이 아들 요셉에게 준 땅에서 가깝다고 되어 있습니다. 구약을 보면 야곱이 그 아들 요셉에게 준 땅은 세겜이었습니다. 그 땅에 대한 말씀이 창세기 33장 18절에 있습니다.

> 야곱이 밧단아람에서부터 평안히 가나안 땅 세겜 성읍에 이르러 그 성읍 앞에 장막을 치고 그가 장막을 친 밭을 세겜의 아버지 하몰의 아들들의 손에서 백 크시타에 샀으며 거기에 제단을 쌓고 그 이름을 엘엘로헤이스라엘이라 불렀더라 (창 33:18-20)

야곱이 하나님의 부름을 받아 외삼촌 라반의 집에서부터 조상의 땅으로 돌아가는 길에 있었던 일입니다. 형 에서의 낯을 두려워하던 야곱은 얍복 나루터에서 하나님의 사자와 씨름하여 다리를 절게 된 채 형을 만나게 되는 위기를 맞습니다. 그런데 형 에서와의 대면에서 극적인 화해가 이루어져 에서는 세일로 돌아가고 야곱은 숙곳에 이르게 됩니다. 야곱은 숙곳에서 다시 이동하여 가나안 땅 세겜 성읍 앞에 장막을 치고 장막 친 밭을 그 땅의 거주민에게 돈 주고 삽니다.

이스라엘 땅은 광야가 많고 평야가 적은 곳이라 그 지역에 사는 사람들은 대부분 목축업을 했습니다. 가축을 기르는 이들에게 우물은 긴요한 것이었고 터를 잡는 데 기반이 되는 것이었습니다. 야곱이 장막을 친 곳에도 우물이 있었을 것입니다. 본문 6절의 언급을 보아도 그것을 알 수 있습니다. 창세기 48장에 보면 '야곱이 그 아들 요셉에게 준 땅'에 대한 기록이 나옵니다.

> 이스라엘이 요셉에게 또 이르되 나는 죽으나 하나님이 너희와 함께 계시사 너희를 인도하여 너희 조상의 땅으로 돌아가게 하시려니와 내가 네게 네 형제보다 세겜 땅을 더 주었나니 이는 내가 내 칼과 활로 아모리 족속의 손에서 빼앗은 것이니라
>
> (창 48:21-22)

야곱의 우물이 있는 수가 동네는 세겜 땅에 속한 지역이었을 것입니다. 야곱의 우물이 있는 이 땅에 대해 창세기 33장에서는 야곱이 돈을 주고 샀다고 하고 48장에서는 칼과 활로 아모리 족속의 손에서 빼앗았다고 합니다. 결국 수가가 속한 지역은 야곱이 돈 주고 샀을 뿐만 아니라 칼과 활로 지켜 냈던 땅이었습니다. 산적이나 강도처럼 그 땅을 빼앗은 것이 아니라 정당하게 값을 치르고 사서 원수들의 손에서 지켰다는 것입니다. 이것이 본문에 나온 수가의 우물에 관한 역사적 배경입니다.

값을 주고 산다는 말을 자주 들어 보셨을 것입니다. '피로 값 주고 사신 교회'라는 표현도 있고 '주께서 희생하셔서 대가를 치르고 사신 하나님의 자녀'라는 표현도 있습니다. 예수님이 이런 뜻의 역사를 지닌 땅, 곧 누군가 값을 치러 얻은 땅에 이르셨습니다. 이런 배경을 염두에 두면 예수님이 수가 동네에 오셔서 여인을 만나신 이야기를 더 깊이 음미할 수 있습니다.

먼저 찾아오신 예수님

여인에게는 예수님을 만날 기대나 목마름이 없었습니다. 오히려 예수님이 여인을 찾아오셨습니다. 10절의 "예수께서 대답하여 이르시되 네가 만일 하나님의 선물과 또 네게 물 좀 달라 하는 이가 누구인 줄 알았더라면 네가 그에게 구하였을 것이요 그가 생수를 네게 주었으리라"라는 말씀을 잘 보아야 합니다. 여기서 '하나님의 선물'이라는 단어에 주목해 봅시다. 하나님의 선물이 주어질 것이라고 합니다. 우리도 잘 아는 이야기입니다. 하나님이 우리를 예수 그리스도의 피로 값 주고 사기 위해 예수님을 보내 주셨다는 것이 여기 드러나고 있습니다. 우리는 구원의 자리에 나와 앉을 자격이 없고, 이 자리에 나와야겠다고 애를 쓰지도 않았습니다. 하나님이 우리를 예수 그리스도의 피로 값 주고 사셨기 때문에 우리가 하나님의 자녀가 된 것입니다. 이렇듯 예수님이 하나님의 선물을 들고 여인에게 다가오셨습니다.

왜 예수님은 여인에게 물을 청하시는 것으로 대화를 시작하셨을까요. 사마리아 여인의 영적 눈을 열어 무엇인가 가르치려고 그렇게 말문을 여신 것입니다. 그저 목이 마르거나 피곤해서 물을 달라고 하신 것이 아닙니다. 물을 달라는 것은 단순한 말이지만 거기에 얼마나 깊은 의도와 배려가 숨어 있는지 보아야 합니다.

이해를 돕기 위해 예를 들겠습니다. 개척 교회에 가장 필요한 것이 무엇일까요. 두말할 필요 없이 돈일 것입니다. 그러나 교회에 돈이 필요하다는 것이 하나님에게 돈이 필요하다는 말은 아닙니다. 하나님은 천지 만물을 지으신 분입니다. 말씀만으로 하늘과 땅을 펴시고 거기에 각종 생물들을 충만하게 하신 분입니다. 하나님은 돈이 필요하실 리가 없습니다. 그런데도 교회 일을 하다 보면 믿음과 기도뿐만이 아니라 돈도 필요합니다. 그리고 그 돈은 우리가 내야 합니다. 하나님은 돈이 필요 없으신데 왜 우리는 돈을 내야 할까요. 돈을 낼 때 우리는 자신이 누구인지를 배우기 때문입니다. 돈을 낼 때 우리 속에 하나님보다 돈을 더 사랑하는 마음이 있는 것을 확인합니다. 우리가 돈으로 하나님을 돕는 것이 아님을 배웁니다. 여기서 예수님이 여인에게 물을 달라고 하신 일의 의미를 헤아려 볼 수 있습니다.

물 좀 달라고 하시는 예수님의 말씀에 사마리아 여인은 9절에서 "당신은 유대인으로서 어찌하여 사마리아 여자인 나에게 물을 달라 하십니까"라고 답합니다. 예수님은 바로 이 대답을 듣기 위해 물을 달라고 하신 것입니다. 사마리아 여인은 예수님의 요구에 답하면서 비로소 자신이 예수님에게 물을 줄 만한 자격을 가진 사람이 아니라는 것을 확인합니다.

사마리아 여인을 찾아오신 예수님이 여인에게 말씀하시는 것은 '네가 누구인지 아느냐?'입니다. 거기서부터 출발해 여인은 결국 이런 요구까지 받습니다. "네 남편을 불러오너라." 여자가 대답합니다. "저는 남편이 없습니다." 예수님이 다시 말씀하십니다. "네가 남편이 없다 하는 말이 옳다. 너에게 남편이 다섯이나 있었고 지금 있는 자도 네 남편이 아니니 네가 바로 말하였다." 예수님은 여기까지 지적하셔서 여인에게 자신이 어떤 존재인지 확인하도록 하신 것입니다.

교회는 나를 깨닫는 곳

우리가 속한 교회의 모습을 떠올려 봅시다. 흔히 교회란 아무 말썽도 일어나지 않고 무슨 일이든 척척 잘 해내고 부끄러울 일 없이 자랑할 것만 있는 곳이라고 생각하기 쉽습니다. 그러나 교회는 늘 수군수군하고 빈정거리고 삐죽거리고 투정부리고 경쟁하여 가슴 아픈 일이 일어나는 곳입니다. 모두가 '나는 정당하게 일하는 사람이다. 이만하면 괜찮다'라는 자부심을 가지고 오지만 막상 일을 하다 보면 그렇지 않다는 것을 알게 되기 때문입니다. 헌금을 잘하며 봉사를 많이 하는 집사님이 사실 생색내기 위해 그랬다는 것을 발견하게 되는 곳이 교회입니다. 나는 저 사람처럼 그렇게는 안 하겠다고 자신했지만 가장 말썽을 부리는 사람이 바로 자신이라는 사실을 뒤늦게 발견하는 곳이 교회입니다.

교회는 완벽한 사람들이 모여서 하나님 나라를 멋있게 이루어 내는 곳이 아닙니다. 착각과 환상 속에 사로잡힌 신자들이 모여 결국 '바로 내가 사마리아 여인이구나. 바로 내가 죄인 중에 괴수구나. 나야말로 만삭되지 못하여 난 사람이구나'라는 자탄과 절망으로 회개에 이르는 곳입니다. 이것을 확인하게 하려고 하나님은 우리를 교회 안에서 여러 가지 문제에 부딪치게 하시는 것입니다. 그러니 더 중요한 것은 문제를 잘 헤쳐 나가는 것보다 우리가 누구인지를 확인하는 것입니다. 우리가 누구인지 아는 것이 왜 그렇게 중요할까요?

여자의 말이 내가 행한 모든 것을 그가 내게 말하였다 증언하므

> 로 그 동네 중에 많은 사마리아인이 예수를 믿는지라 사마리아인들이 예수께 와서 자기들과 함께 유하시기를 청하니 거기서 이틀을 유하시매 예수의 말씀으로 말미암아 믿는 자가 더욱 많아 그 여자에게 말하되 이제 우리가 믿는 것은 네 말로 인함이 아니니 이는 우리가 친히 듣고 그가 참으로 세상의 구주신 줄 앎이라 하였더라 (요 4:39-42)

여인이 그리스도에 대하여 새로운 안목을 갖게 된 것은 자신이 누구인지 알게 되었기 때문입니다. 사마리아 여인처럼 '너에게 남편 다섯이 있었고 지금 있는 자도 네 남편이 아니니'(요 4:18)라는 뼈아픈 지적을 받아야 자신이 어떤 존재인지 깨닫게 되며 이때 비로소 인간은 하나님이 누구신지 제대로 볼 수 있게 되는 것입니다.

신자란 하나님을 위하여 뭔가 그럴 듯한 일을 하고 하나님이 못하시는 일을 옆에서 도와 그 일을 완성시키는 보조원이 아닙니다. 신자는 인간이 얼마나 희망 없는 족속이며 죄로 말미암아 얼마나 처참한 자리에 있으며 얼마나 냄새나는 죄인인지를 영적으로 깊이 깨닫는 사람입니다. 인간 현실의 깊은 아픔을 잘 알아 그리스도 외에 자랑할 것이 없고 자랑하려고 했던 모든 것이 배설물에 불과한 것을 깨닫는 사람입니다. 이것을 지적받아 깨닫는 곳이 바로 교회입니다.

우리에게 주어진 숙제

예수님은 사마리아 여인에게 그랬듯이 우리 심령에도 찾아오셔서 물 좀 달라고 말씀하시며 우리가 어떤 존재인지 알게 하십니다. 우리에게는 이 '부딪침'이 있어야 합니다. 하나님이 우리에게 확인시켜 주는 것이 무엇인지 깨달아야 합니다. 그러나 우리는 잘 깨닫지 못합니다.

오늘날 한국 교회는 관중만 점점 늘어 가고 있습니다. 저는 이 점이 상당히 걱정됩니다. 교회에 출석은 하지만 예배 드리고 설교 듣고 헌금하고 도망가 버리는 정도로도 괜찮다고 여기는 풍조가 만연해 있어 걱정입니다. 지금처럼 신자가 많았던 적도 목사가 많았던 적도 없습니다. 여기저기에 교회가 세워지고 한 건물 안에도 몇 개의 교회가 공존하는 시대가 되었습니다. 그리고 이제 교회는 점점 대형화되고 있습니다.

왜 교회가 점점 대형화되었을까요? 신자들이 교회 일에 참여하는 것을 싫어하고 뒤에 앉아서 관망만 하는 구경꾼이 되고 싶어 하기 때문입니다. 신자가 교회 일에 적극적으로 참여하기를 싫어하는 것은 교회가 점점 냄새나는 곳, 세상에서 비난받는 곳이 되어 간다고 여기기 때문입니다. 목사에 대한 실망, 교회에 대한 실망이 우리를 교회에 참여하는 신자가 아니라 구경하는 신자로 만듭니다. 그래서 교회에 깊이 관여하지 않는 것이 신앙에 도움이 된다고까지 생각합니다. 과연 그럴까요?

이런 생각을 해 봅시다. 펠레, 마라도나, 메시 같은 선수가 축구하는 것을 보다가 한국 축구를 보면 왜 이것밖에 못하냐고 답답해

할 것입니다. 그러나 말로 하는 것처럼 쉬운 것은 없습니다. 나가서 직접 공을 차 보십시오. 공이 발에 맞기라도 합니까. 눈으로 구경만 하는 것만큼 자기를 속이는 것도 없습니다. 보는 것만큼 쉬운 것도 없습니다. 참여하지 않으면 성장하지 않습니다. 물론 참여하지 않고 훈련받지 않으면 더 쉽습니다. 멍도 들지 않고 근육통도 없고 누워서 리모컨으로 여기 틀었다 저기 틀었다 하면 그만입니다. 그러나 그런 식으로 구경꾼이 되어서는 아무 일도 일어나지 않습니다. 실패해 보고 울어 봐야 합니다. 내가 이 정도밖에 되지 않는구나, 하며 아파해야 합니다.

우리는 하나님이 예수 그리스도의 피로 값 주고 사셔서 하나님의 소유가 되었습니다. 지금도 하나님은 칼과 활로 우리를 보호하고 계십니다. 그러니 우리는 하나님의 사람으로서 영광의 자리에 이르기까지 성장해야 합니다. 우리가 자녀에게 방을 만들어 주고 좋은 책을 사 주고 먹여 주고 입혀 주는 이유가 무엇입니까? 아들답게 딸답게 자라라는 것입니다.

이제 우리는 무엇을 해야 할까요? 가만히 앉아만 있어서는 안 됩니다. 하나님은 교회를 세우시고 우리에게 일거리를 주시며 너는 돈을 내라, 너는 시간을 내라, 너는 목사를 해라, 너는 집사를 해라, 너는 장로를 해라, 너는 여전도회 임원을 해라, 하고 부르십니다. 하나님은 무엇이 부족하시거나 능력이 없으셔서 우리를 부르신 것이 아닙니다. 우리를 부르신 것은 우리가 누구인지 확인하게 하시고 우리를 훈련하시고 고치셔서 우리로 하나님이 목표하시는 곳까지 가게 하시려는 목적 때문입니다. 그러니 교회에 나와 구경만 하고 돌아가는 사람이 되지 말기 바랍니다.

하나님이 우리를 교회로 부르셨습니다. 교회에는 할 일이 많습니다. 할 일이 있다는 것은 하나님이 우리에게 훈련할 시간을 주셨다는 것이며 공부방을 만들어 주셨다는 것이며 숙제거리를 주셨다는 것입니다. 그것을 감당하는 것이 쉽지만은 않습니다. 때로는 어려운 것을 내 주셔서 다음 단계를 준비시키십니다. 초등학생에게 주는 숙제와 고등학생에게 주는 숙제는 다릅니다. 각자의 상황에 맞는 숙제를 허락하십니다.

이것이 예수님이 사마리아 여인에게 '물 좀 달라'라고 하신 말씀 속에 담겨 있는 도전입니다. 우리 모두가 이 말씀을 받아들여야 합니다. 편안함 속에서 세월을 흘려보내지 말고 예수 그리스도의 부르심 앞에서 하나님이 나에게 허락하신 숙제와 훈련을 달게 받기로 결심하고 그 훈련을 통하여 성장하기 바랍니다.

03

설명되지 않는 은혜

7 사마리아 여자 한 사람이 물을 길으러 왔으매 예수께서 물을 좀 달라 하시니 8 이는 제자들이 먹을 것을 사러 그 동네에 들어갔음이러라 9 사마리아 여자가 이르되 당신은 유대인으로서 어찌하여 사마리아 여자인 나에게 물을 달라 하나이까 하니 이는 유대인이 사마리아인과 상종하지 아니함이러라 (요 4:7-9)

유대인과 사마리아인

예수님이 사마리아 여인에게 물을 좀 달라고 하시자 여인이 반문합니다. "어찌하여 유대인이 사마리아 사람인 나에게 물을 달라고 하십니까?" 여기 '어찌하여'라는 말은 원문으로 보면 '어떻게'라는 의미를 담고 있습니다. '도대체 어떻게 그런 요구를 하실 수 있습니까? 당신은 내가 사마리아인이라는 것을 모르십니까'라는 뜻이 사마리아 여인의 말에 담겨 있습니다.

이 질문을 이해하기 위해서는 먼저 사마리아인과 유대인의 관계를 알아야 합니다. 이들의 관계는 몹시 험악했는데 이스라엘 역사를 살펴보면 그 이유를 알 수 있습니다. 이스라엘은 솔로몬 사후에 북 왕국 이스라엘과 남 왕국 유다로 나뉩니다. 후에 이스라엘은 앗수르에 망하고 유다는 바벨론에 망합니다. 앗수르는 정복한 국가들을 완전히 없애기 위해 피정복 민족의 군사력과 정치력은 물론 민족성과 민족의 사상까지 없애는 방식을 택했습니다. 정복한 지역마다 여러 민족을 섞여 살게 해 각 민족의 특성을 없애 버렸습니다. 원래 살고 있던 사람들은 다른 곳으로 이주시키고 다른 지역 사람들을 데려오는 식으로 섞여 살게 했습니다. 이스라엘의 수도인 사마리아도 같은 일을 겪었습니다. 앗수르는 사마리아의 유력한 사람들을 모두 잡아가고 다른 지역 사람들을 이주시켜 그곳에 남은 백성들과 섞여 살게 했던 것입니다. 이렇게 혼혈로 생겨난 사람들이 사마리아인입니다.

한편 남 왕국 유다는 150년 가까이 더 지속되다가 바벨론에 멸망했습니다. 유다 사람들도 바벨론에 끌려갔지만 혈통을 유지한 채 예루살렘으로 다시 돌아올 수 있었습니다. 이스라엘의 혈통을 유지한 채 돌아온 이 사람들이 바로 유대인인데, 이들은 혼혈인 사마리아 사람들을 이방인보다 더 괄시하기 시작했습니다. 근본은 같으나 다른 민족들의 피가 섞였다는 이유로 경멸의 대상으로 삼은 것입니다. 어찌나 경멸했는지 당시에는 유대인이 사마리아 사람을 집에 들이면 그 집의 아이를 노예로 삼을 수 있을 정도였습니다. 또 유대인은 사마리아 사람과 같이 음식 먹는 것을 돼지고기를 먹는 것과 같게 여겼습니다. 유대인이 돼지고기를 먹는 것이 어떤 의미인지 한 소설을 예로 들겠습니다.

《아이반호》라는 소설이 있습니다. 아이반호라는 사람이 십자군 전쟁에 나갔다가 홀로 돌아와 어떤 결투에 나가게 됩니다. 가진 것이 없어 무장도 하지 못해 쩔쩔매던 중 한 유대인 거부巨富를 만납니다. 아이반호는 그에게서 돈을 얻어 무장을 하고 흑기사로 출전합니다. 그 유대인 거부도 아이반호의 결투를 구경하려고 시합장에 가는데, 당시 유대인은 일반석에 앉지 못하게 되어 있었습니다. 그런데 이 사람이 보통 사람들이 앉는 일반석에 앉습니다. 그 당시에 기독교 국가에서는 예수 그리스도를 못 박은 민족이라며 유대인을 굉장히 괄시했습니다. 그래서 일반석에 앉은 유대인 거부와 주위 사람들이 자리 때문에 옥신각신합니다. 그때 아이반호의 아버지 집에 있는 광대 하나가 이 유대인을 쫓아내려고 그의 코앞에 돼지고기를 갖다 댑니다. 유대인들은 그때도 구약 율법을 지키며 살았기 때문에 돼지고기를 본 이 유대인은 펄쩍 뛰어 도망갑니다. 그렇게 유대인들은 돼지고기를 보는 것만으로도 견딜 수가 없었던 것입니다.

사마리아인과 한 식탁에 앉아 식사하는 것을 돼지고기를 먹는 것과 마찬가지로 여겼다고 하니 유대인의 사마리아인에 대한 괄시가 어느 정도였는지 짐작할 만합니다. 유대인과 사마리아인은 그런 관계였습니다. 그래서 유대인들은 예루살렘이 있는 유대 지방에서 갈릴리 사이를 오갈 때 사마리아를 통과하는 빠른 길로 가지 않고 일부러 빙 돌아가곤 했습니다.

그런데 예수님은 당시 유대인들의 통상적인 관례를 깨고 사마리아를 가로질러 가셨습니다. 그 길에서 이 여인을 만나신 것입니다. 그래서 여인은 예수님에게 '어찌하여'라고 묻습니다. 거기에는 '무서운 율법의 정죄와 막강한 저주의 심판을 당신은 어떻게 감당하려 하십니까? 그 문제를 어떻게 해결하셨기에 제게 물을 달라고 하실 수 있습니까?'라는 물음이 담겨 있습니다. 우리는 여기서 이 '어떻게'라는 질문에 담겨 있는 의미를 생각해 보려고 합니다.

객관적 논증의 한계

우리는 눈앞에 어떤 일이 벌어지면 흔히 '어떻게?'라고 먼저 묻습니다. 어떻게 일어난 일인지 설명되지 않으면 일 자체를 쉽게 수긍하지 않습니다. 이것은 인간의 특징이라고까지 말할 수 있습니다. 현대에는 눈에 보여도 손으로 만져져도 논리적으로 설명되지 않으면 없는 것과 마찬가지라고 여기는 데까지 이르렀습니다.

기독교에 '자유주의'라는 사조가 있습니다. 그 사조에서는 기독교 신앙의 내용도 논리적으로 증명되지 않으면 받아들일 수 없다는 기준을 갖고 있습니다. 그래서 예수님이 십자가에서 죽으셨다가 부활하셨다는 것도 믿지 않습니다. 이 사조를 따르는 사람들은 예수님이 십자가에서 실제로 죽으신 것이 아니라 잠시 기절하셨다가 무덤에서 일어나 나오신 것이라고 주장합니다. 우리는 이 이야기를 듣고 말도 안 되는 소리라고 일축해 버리지만, 이들에게는 오히려 우리가 무식하고 한심해 보일 것입니다. 무식한 사람끼리 모여 그저 맹종하는 것으로 여기는 것입니다.

성경은 예수님이 죽었다가 다시 살아나셨다고 합니다. 그런데 죽은 자가 살아난다는 것은 논리적 규명이 안 됩니다. 그러니 죽은 것도 사실이고, 다시 살아난 것도 사실이라면 이 일을 어떻게 설명할 수 있을까요. 그 둘을 절충하여 원래 죽지 않고 기절했다거나, 아니면 죽은 사람과 비슷한 사람이 나타났다고 할 수밖에 없는 것입니다. 논리적으로 따지자면 이렇게밖에는 생각할 수 없다고 자유주의자들은 결론짓습니다.

때로는 신자들도 이런 방식에 호감을 갖습니다. 기독교 역사를 돌아보면 신앙의 대상을 객관적 논증을 통해 자랑해 보이고 싶어 하던 때가 여러 번 있었습니다. 그럴 때면 문제가 생겼습니다. 결과적으로 성경은 우리의 논리에 따라 설명되지 않기 때문입니다.

신앙의 내용은 객관적 논증을 초월합니다. 신앙은 우리가 인식하고 설명할 수 있는 범위를 초월한 영역에 관한 것입니다. 이것은 신앙이 비과학적이라는 이야기가 아닙니다. 과학으로 설명할 수 있는 영역을 초월한다는 것입니다. 그래서 신앙은 증명할 길이 없습니다.

그런데 사람은 늘 자기가 알고 있는 것을 타인에게 보여 주고 싶어 합니다. 무엇이든 자랑하기 위해서는 객관화해야만 합니다. 신앙은 객관적 논증의 문제일 수가 없는데도 그렇게 자꾸 객관화하려고 합니다. 그래서 논리를 동원하여 '이것 봐라, 그렇지 않느냐'라며 성경 내용을 증명하려 합니다. 본문에서 사마리아 여인도 인간의 이런 특징을 보이고 있습니다. 이미 예수님이 오셔서 물을 달라고 하시는데 '어떻게 유대인인 당신이 사마리아인인 내게 말을 걸 수 있습니까?'라며 자초지종을 설명해 달라고 요구하는 셈입니다.

'어떻게?'라고 묻는 인간의 본성

우리도 이런 실수를 얼마나 많이 저지르는지 모릅니다. 지금 마주 보며 이야기하고 있는데도 어떻게 이렇게 이야기할 수 있는지만 자꾸 묻습니다. 예수님이 오신 일에 대해서도 그렇습니다. '어떻게'가 증명되면 예수님이 오신 것을 인정하고, 증명되지 않으면 예수님이 오셨다는 것 자체를 인정하지 않겠다는 투입니다. 우리는 신앙을 이런 식으로 정리하려는 경향이 있습니다.

우리에게는 이미 일어난 일이 있습니다. 설명할 수 없지만 일은 이미 벌어졌습니다. 우리에게 일어난 일이 무엇입니까. 우리는 '저는 나이롱 신자입니다. 교회에는 가나 마나인가 봐요, 교회에 가기만 하면 늘 졸려요'라고 푸념하지만 어느새 보면 교회에 나와 있지 않습니까? 이것만큼 하나님을 알며 예수를 사랑한다는 확실한 증거가 어디 있습니까. 다른 곳은 재미가 있어도 갈까 말까 한데 교회는 졸린데도 매번 나오지 않습니까. 우리에게 신앙이 생겨난 것입니다. 그런데도 내가 진짜인지 가짜인지를 자꾸 증명해 달라고 합니다. '어떻게'를 묻느라 자기에게 벌어진 일을 받아들이지 못하고 있는 것입니다. 요한복음 3장도 이런 모습을 보여 주고 있습니다.

> 예수께서 대답하여 이르시되 진실로 진실로 네게 이르노니 사람이 거듭나지 아니하면 하나님의 나라를 볼 수 없느니라 니고데모가 이르되 사람이 늙으면 어떻게 날 수 있사옵나이까 두 번째 모태에 들어갔다가 날 수 있사옵나이까 (요 3:3-4)

사마리아 여인처럼 니고데모도 '어떻게?'라고 묻습니다. 니고데모가 예수님에게 묻습니다. '어떻게 거듭날 수 있습니까? 모태에 다시 들어갔다 나오는 것이 어떻게 가능합니까?' 사마리아 여인의 경우도 그랬습니다. 예수님이 이미 눈앞에 와서 물 좀 달라고 하시는데 '어떻게 오셨습니까?' 하고 묻습니다. 설명되지 않는 한 사실일 수 없다고 생각하는 것입니다. 이것은 단순히 논리적 질문만이 아닙니다. 자존심의 문제이기도 합니다. 본래 인간에게는 하나님의 은혜를 거부하는 자존심이 있기 때문입니다. '어떻게' 이 일이 이루어졌는지 알아 내어 내가 스스로 그 자리에 가면 갔지, 하나님이 선물로 은혜를 베풀어 나를 그 자리에 끌고 가신다는 것은 참지 못하는 자존심이 우리 본성 안에 있습니다. 성경은 이것을 죄라고 합니다. 니고데모의 질문에 예수님이 하신 답을 봅시다.

> 예수께서 대답하시되 진실로 진실로 네게 이르노니 사람이 물과 성령으로 나지 아니하면 하나님의 나라에 들어갈 수 없느니라 육으로 난 것은 육이요 영으로 난 것은 영이니 내가 네게 거듭나야 하겠다 하는 말을 놀랍게 여기지 말라 바람이 임의로 불매 네가 그 소리는 들어도 어디서 와서 어디로 가는지 알지 못하나니 성령으로 난 사람도 다 그러하니라 니고데모가 대답하여 이르되 어찌 그러한 일이 있을 수 있나이까 예수께서 그에게 대답하여 이르시되 너는 이스라엘의 선생으로서 이러한 것들을 알지 못하느냐 진실로 진실로 네게 이르노니 우리는 아는 것을 말하고 본 것을 증언하노라 그러나 너희가 우리의 증언을 받지 아니하는도다 (요 3:5-11)

예수님이 아는 것을 말씀하시고 본 것을 증언하시는데도 우리는 어떻게 된 것인지 알려 달라고 합니다. 인간은 본성상 하나님 앞에 은혜를 구할 마음이 없기 때문입니다. 예수를 증언할 때 가장 크게 부딪히는 문제는 인간이 하나님 앞에 구걸을 해야 하는 존재라는 점을 전하는 데서 생깁니다. 인간은 그것을 참지 못합니다. 그래서 '주께 부끄러운 것이 많습니다. 하나님 앞에 이런 꼴로 나아가도 되겠습니까'라는 생각은 얼핏 기특한 생각인 것 같으면서도 복음을 수용하는 데 걸림돌이 된다는 점을 기억해야 합니다. '떳떳해져서 오고 싶습니다, 하나님 앞에 내 힘과 내 노력과 내 투자로 도달하고 싶습니다'라고 하는 것이기 때문입니다.

예수님은 니고데모에게 '너는 할 수 없지만 하나님이 하신다'라고 선언하시고, 사마리아 여인에게 '어떻게 된 것인지 알려 하지 말고 일어난 일을 선물로 받으라'라고 선언하십니다. 우리 모두에게 지적하시는 말씀입니다. 우리는 본성적으로 은혜를 거부합니다. 하나님이 하나님이시라는 사실을 받아들이지 않습니다. 우리는 우리가 그분께 은혜를 구해 영원한 삶을 허락받아야 하는 존재라는 사실을 거부합니다. 우리에게 필요한 것은 우리가 이런 존재라는 것을 먼저 인정하는 일입니다.

사마리아 여인 이야기에서 이 문제가 확실히 결론지어집니다. "여자의 말이 내가 행한 모든 것을 그가 내게 말하였다 증언하므로 그 동네 중에 많은 사마리아인이 예수를 믿는지라"(요 4:39). 여인은 '어떻게' 된 것인지 알아서가 아니라 예수님이 자신의 현실을 지적해 내셨기에 예수님에게 항복합니다. 예수님이 자신을 어떻게 찾아오셨는지 알게 되어서가 아니라 자신이 처한 현실에 대해 확실하게 지적받고 깨달아 항복한 것입니다.

은혜로만 설명될 수 있는 기독교

기독교의 복음과 성경의 내용에 대해 알아 갈 때 우리가 먼저 기억할 점은 말씀이 사실을 전한다는 점입니다. 성경은 하나님이 천지를 창조하셨다고 가르칩니다. 그런데 우리는 하나님이 천지를 어떻게 창조하셨는지, 천지창조 때의 하루는 오늘날의 24시간과 같은지, 이런 것들을 묻습니다. 자꾸 '어떻게'를 묻는 것입니다. 그것이 해결되지 않으면 믿을 수 없다고 합니다. 하나님 앞에 항복하고 싶지 않기 때문입니다. 이것만 이해되면 나머지를 다 믿겠다고 합니다. 그러나 그것은 우리가 죽기 전에는 확실히 알 수 없는 문제들입니다. 그러니 죽기 전에는 계속 의심하며 결코 항복하지 않겠다는 뜻입니다. 이것이 우리가 성경을 대하는 모습입니다.

성경은 설명되지 않는 이야기투성이입니다. "태초에 하나님이 천지를 창조하시니라"라는 창세기 1장 1절 뒤에는 별다른 설명이 없습니다. 어떻게 만드셨다는 설명이 없습니다. 그런데 인간들은 어리석게도 2천 년 동안 '어떻게'를 알려 달라며 물고 늘어졌습니다. 그리고는 성경의 내용을 객관적으로 증명할 수 없으니 하나님도 믿을 수 없다고 주장합니다. '하나님을 믿느니 차라리 내 주먹을 믿겠다'라고도 합니다. '어떻게'에만 머물러 있는 것입니다.

우리가 이 자리에 있게 된 것은 '어떻게'가 해결되었기 때문이 아닙니다. 우리는 사마리아 여인 같았습니다. 아무런 기대 없이 물을 길으러 왔을 뿐 예수님을 만날 마음으로 나온 것이 아닙니다. 우리 스스로 하나님을 찾은 것이 아니라 하나님이 우리를 찾아와 만나 주셨습니다. 그 일을 '어떻게' 하셨는지는 모릅니다. 그가 오셔서 우리는 내가 누구이며 인간이 무엇이며 세상이 무엇인가에 대해 분명히 알게 되었습니다. 그 사실들을 외면할 수 없습니다.

그래서 졸더라도 교회에 나와 졸아야지 집에서 졸고 있으면 마음이 불편한 것입니다. 천국과 지옥에 대해 잘 알지 못하지만 무엇인가가 나를 교회로 인도하는 것은 분명합니다. 아내 때문에 자녀 때문에 교회에 나올 수 있습니다. 오직 가정의 평화를 위해서 교회에 나온다는 것도 대단한 일입니다. 어쨌거나 우리는 주일이면 교회에 나와 앉아 있습니다. 주일에 교회 안 가고 텔레비전 앞에 앉아 있으면 왠지 모르게 불안합니다.

어떻게 믿게 되었는지 잘 설명되지는 않지만 우리는 내세가 있다는 것과 하나님이 계신 것을 압니다. 하지만 누군가가 우리에게 하나님이 정말 계시는지, 어떻게 생기셨는지를 물으면 답을 못합니다. 질문한 사람에게는 객관적으로 설명해야 하기 때문입니다. 그렇게 대답이 궁해지면 우리는 처음으로 돌아가기도 합니다. 아, 이게 아니었나 보다, 하면서 신앙이 흔들리기도 하는 것입니다. 그렇지만 결국 우리는 어느새 또 교회에 나오지 않습니까.

아무것도 모르고 처절한 인생을 살 수밖에 없었던 사마리아 여인이 예수님에게 '어떻게 나에게 물을 달라 하십니까'라고 한 이야기가 바로 우리의 이야기입니다. 참으로 부끄럽고 쑥스러운 모습이지만 바로 이렇기 때문에 기독교를 복음이라 하고 믿게 된 일을 복이라 하고 은혜라 하고 감사라 하는 것입니다. 그래서 하나님을 찬양하는 것입니다. 이것이 우리의 모습인 것을 알고 마음 깊은 곳에서부터 항복이 있기를 바랍니다.

04

은혜로
가능한
것

9 사마리아 여자가 이르되 당신은 유대인으로서 어찌하여 사마리아 여자인 나에게 물을 달라 하나이까 하니 이는 유대인이 사마리아인과 상종하지 아니함이러라 10 예수께서 대답하여 이르시되 네가 만일 하나님의 선물과 또 네게 물 좀 달라 하는 이가 누구인 줄 알았더라면 네가 그에게 구하였을 것이요 그가 생수를 네게 주었으리라 (요 4:9-10)

대조적인 두 사건의 배경

예수님과 사마리아 여인의 대화에는 많은 내용이 담겨 있습니다. 그 가운데 한 가지 주제를 '그에게 구하였더라면'이라는 말로 표현할 수 있습니다. 10절은 얼른 읽으면 '예수님을 알아보고 구했으면 받았을 텐데 왜 구하지 않느냐'라는 말처럼 보입니다. '구하면 주신다'라는 말은 구원에 대해 설명할 때 흔히 하는 말이기도 합니다. 그러나 본문에는 우리 생각보다 더 깊은 내용이 담겨 있습니다.

   예수님이 사마리아 여인에게 하신 이 말씀을 제대로 이해하려면 요한복음 3장에 나오는 니고데모 사건을 염두에 두어야 합니다. 요한복음은 어떤 의도를 가지고 사건을 배열합니다. 니고데모 이야기와 사마리아 여인 이야기가 차례로 나오는 것은 우연이 아닙니다. 여기에는 두 사건을 선명히 대조하기 위한 목적이 있습니다. 4장에서 예수님이 사마리아 여인에게 "네가 그에게 구하였더라면 그가 네게 생수를 주었으리라"라고 하신 말씀은 3장에서 예수님이 니고데모에게 "진실로 진실로 네게 이르노니 사람이 거듭나지 아니하면 하나님의 나라를 볼 수 없느니라"(요 3:3)라고 하신 말씀과 대조됩니다. 니고데모에게는 거듭나지 않았다는 절망적인 선언을 내리시면서, 왜 니고데모보다 더 절망적인 조건을 가진 사마리아 여인에게는 구하라고 하셨을까요?

우리는 쉽게 생각해서, 니고데모 사건을 읽고 나서는 거듭나야 한다고, 사마리아 여인 사건을 읽고 나서는 구해야 한다고 메시지를 간단히 정리하곤 합니다. 그러나 두 사건을 함께 생각해 보면 그리 간단해 보이지 않습니다. 잘난 니고데모에게는 거듭나야 한다고 하시면서 절망스러운 사마리아 여인에게는 거듭나야 한다는 말을 하시지 않습니다. 구할 자격이 없어 보이는 사마리아 여인에게는 구하라고 하시면서 정작 구하러 온 니고데모에게는 질책하십니다.

사실 니고데모는 예수님을 하나님이 보내신 랍비라고 생각하여 무언가 배우러 온 것입니다. 그는 밤에 은밀하게 예수님을 찾아왔습니다. 밤에 온 것은 남에게 가르침을 청하러 가는 것을 들키지 않기 위해서였습니다. 그는 높은 지위에 있어 다른 사람에게 도움을 청하거나 깨우침을 받으러 가기가 쉽지 않았습니다. 그래서 예수님을 찾아갈 때도 남의 눈에 띄지 않게 인적이 드문 밤을 택해야 했습니다. 니고데모는 바리새인이자, 유대인의 지도자이며 이스라엘의 선생이었습니다. 종교와 도덕과 지혜와 윤리에 대해 남에게 가르침을 주어야 할 사람이었습니다. 그러니 누구에게

뭘 물어보고 도움을 구하러 간다는 것이 얼마나 쑥스러운 일이었 겠습니까. 그런 그가 밤중에 예수님을 찾아온 것인데 예수님은 그에게 "네가 거듭나지 않으면 희망이 없다"라고 말씀하셨습니다.

사마리아 여인에게는 구하라고 하신 예수님이 왜 니고데모에게는 구하라고 하시지 않았을까요? 이것을 보면 사마리아 여인에게 구하라고 하신 것에는 깊은 의미가 있다는 것을 짐작하게 됩니다. 사마리아 여인에게 구하라고 하신 예수님의 말씀을 단순히 '구하면 주신다'라는 뜻으로만 이해하면 성경을 너무 가볍게 읽는 것입니다. 이 두 사건에서 발견하게 되는 공통된 주제는 '은혜란 무엇인가' 하는 것입니다. 요한은 은혜가 무엇인지를 설명하기 위해 두 사건을 대조하여 기록하였습니다.

조건이 아닌 은혜

구원은 믿음으로 얻습니까, 은혜로 얻습니까? 믿음, 은혜 둘 다 옳은 답입니다. 구원은 은혜로 주어지며 믿음으로 얻습니다. 흔히 우리는 은혜는 하나님에게서 오는 것으로, 믿음은 우리에게서 나오는 것으로 생각하곤 합니다. 여기서 믿음으로 구원 얻는다는 말은 잘 생각해 볼 필요가 있습니다. 신자들이 생각하는 믿음과 성경이 말하는 믿음이 다를 때가 많기 때문입니다. 우리는 '믿으면 구원을 얻는다. 구하면 주신다'라고 생각합니다. 그러나 성경은 그렇게 말하지 않습니다.

구원에 조건이 필요하다면 니고데모만큼 그 조건을 완벽하게 갖춘 사람은 없을 것입니다. 성경이 구원을 이야기하면서 니고데모를 등장시킨 것은 구원을 얻는 데에 인간의 조건이 필요하지 않다는 것을 보여 주기 위해서입니다.

니고데모는 학식이나 덕망이나 종교성이나 경건성으로나 무엇 하나 부족한 것이 없어 보입니다. 그런데 예수님은 그에게 "거듭나지 않는 한 너는 희망이 없다"라고 하십니다. 니고데모는 그 말씀의 의미를 잘 이해하지 못하고 "어떻게 한 번 태어났던 사람이 다시 모태에 들어갔다 나옵니까?" 하고 묻습니다. 물론 그것은 불가능한 일인데도 예수님은 거듭남 없이는 하나님 나라를 볼 수 없다고 단호하게 말씀하십니다. 이 말씀은 니고데모에게만 하시는 말씀이 아닙니다. 예수님이 이 정도로 단호히 말씀하시는 것은 니고데모가 가진 조건, 곧 인간이 갖출 수 있는 어떤 조건으로도 구원을 얻을 수가 없다는 것을 알려 주시기 위해서입니다.

한편 사마리아 여인에게는 무엇이라고 하셨습니까? 남편이 다섯이나 있었고 지금 동거하는 이도 남편이 아니며 남의 시선을 피해 대낮에 홀로 물을 길으러 나올 수밖에 없었던 이 비천한 여인에게는 구하라고 하셨습니다. 아무 희망이 없는 자라도 구원 얻는 것이 가능하다고 하시는 것입니다. 이 말씀은 니고데모에게 하신 말씀, '네가 얻으려고 하는 것은 네 능력으로 얻을 수 없다'에 이어지는 것입니다.

성경은 니고데모와 사마리아 여인을 대조하여 우리가 은혜에 대해 얼마나 잘못 이해하고 있는지를 알려 줍니다. 하나님이 은혜로 구원을 제시해도 자기의 힘으로 얻으려는 부류가 있고, 하나님의 은혜가 아무리 충만해도 구원을 받을 수 없다고 생각하는 부류가 있습니다. 구원이 능력이나 조건을 필요로 하는 것이 아니라면, 구원을 얻기 위해 능력이나 조건을 갖출 필요가 없는 동시에 능력이나 조건을 갖추지 못했다고 좌절할 것이 없습니다. 이것이 사마리아 여인 이야기를 통해 말하고 싶은 주제입니다. 우리는 은혜로 구원을 얻습니다. 은혜 앞에 아무도 자랑할 수 없고 자포자기할 수 없습니다. 그런데도 우리는 자꾸 능력이나 조건을 생각합니다.

교회에 나오려는 마음에 크게 방해되는 것은 사람들에게 자신이 구원받을 수 없는 자로 취급되어 괄시받을 것이라는 생각입니다. 그래서 우리는 최소한의 조건이라도 갖추고 나와야 한다고 생각합니다. 그 조건이라는 것도 스스로 정한 자의적인 것입니다. 그래서 사람들은 담배도 끊고 술도 끊고 최소한의 헌금이라도 할 수 있을 때, 즉 은혜 받을 만하다고 여겨지는 최소한의 조건을 갖춘 다음에 교회에 나가겠다고 합니다. 이렇게 생각하는 것은 우리에게 있는 알량한 자존심 때문입니다.

우리가 견디기 어려워하는 것이 자존심을 꺾는 일입니다. 자존심이 꺾이는 일은 사람 앞에서도 어렵고 하나님 앞에서도 어렵습니다. 내가 잘못했다, 내가 미련했다, 내가 실수했다, 내가 깜빡했다, 내 실력은 이것밖에 안 된다, 이런 말을 하는 것이 어렵습니다. "제가 잘못했습니다. 도와주십시오"라고 하는 것보다 차라리 "죽이십시오"라고 하는 것이 더 쉽습니다. 그래서 심지어는 "하나님, 저를 용서하시지 않아도 됩니다. 그냥 지옥으로 보내 주십시오"라고까지 합니다. 하나님 앞에서도 자존심을 세우는 것입니다. "하나님, 저를 지옥에만은 보내지 마십시오. 좀 봐주세요. 어제도 그

제도 잘못했습니다. 내일부터는 안 그러겠습니다"라고 빌어야 하는 줄 모릅니다. 은혜가 무엇인지 몰라서 자존심만 세우고 있는 것입니다.

기도할 때도 필요한 것은 '하나님, 저를 불쌍히 여겨 주옵소서. 저는 악하고 게으른 종입니다'라고 은혜를 구하는 마음입니다. 이 말을 할 줄 모르는 사람은 은혜가 무엇인지 모르는 것입니다. 그런 사람은 은혜에 대해서도 주고받는 식으로밖에 생각하지 못합니다. 기도 응답에 대해서도 "구했는데 왜 안 주십니까?"라고 합니다. 마치 하나님과 거래하듯이 '지난번에는 계약금을 걸었으니까 이번에는 중도금을 치르겠습니다'라는 식으로 기도합니다. 그러나 구원은 그런 식으로 생각할 수 없습니다. 은혜는 그런 것이 아닙니다.

구원 후에 주어지는 인식

우리는 구원을 생각할 때 믿음을 먼저 떠올립니다. 또 믿음이 있다면 지정의知情意 세 측면 모두에서 반응해야 한다고 생각합니다. 지적 동의, 감정적 항복, 의지적 결단이 필요하다고 합니다. 전 인격이 동원되어야 한다는 것입니다.

사마리아 여인을 만나신 예수님은 "내가 누군 줄 알았다면 네가 구하였을 것이요 그러면 내가 네게 생수를 주었으리라"라고 말씀하셨습니다. 이것만 보면 구원은 우리가 구해야 하는 것처럼 보입니다. 만일 니고데모 이야기 없이 사마리아 여인 이야기만 있었다면 구원은 구하면 되는 것이라고만 생각했을 것입니다. 만일 구원을 얻기 위해 필요한 것이 믿음이라면 지적 동의, 감정적 항복, 의지적 결단이 구원의 조건일 것입니다.

그러나 사마리아 여인에게 구하라고 하신 것은 구원의 조건으로 말씀하신 것이 아니었습니다. 사마리아 여인은 니고데모와 대조되어 등장하고 있습니다. 니고데모에게는 하지 않았던 이야기를 사마리아 여인에게 하셨다는 것을 기억해야 합니다.

구원은 지적 동의로, 감정적 항복으로, 의지적 결단으로 얻어지는 것이 아닙니다. 우리는 구원을 언제 어떻게 왜 받았는지 모릅니다. 지적 동의나 감정적 항복이나 의지적 결단은 구원을 얻어 새롭게 출생한 자가 자기의 출생에 대해 인식하는 이차적 과정에서 나오는 반응입니다. 백인이나 흑인을 만나기 전에는 우리가 황인이라는 것을 모릅니다. 그들을 만나야 비로소 알 수 있습니다. 이처럼 자신이 누구인가를 깨닫는 것은 나중 일입니다. 그런데도 우리는 나중에서야 생기는 이런 인식을 조건이라고 여겨서 자꾸 처음으로 돌아가 구원 얻을 때에 자기가 이 조건을 갖췄었는지 고민합니다.

구원을 얻었다는 인식은 지, 정, 의 중 어디에서부터 시작될까요? 사람마다 조금씩 다릅니다. 어려서부터 믿은 사람은 대부분 지성에 더 치중하는 경향이 있고, 자라면서 믿게 된 사람들은 감정에 더 치중하는 경향이 있습니다. 후자의 경우는 어느 날 갑자기 죄에 대하여, 영혼과 생명의 귀중함에 대하여 깨달아 크게 충격을 받습니다. 문득 자기가 죄인이라고 깨닫게 되면서 걷잡을 수 없는 회개에 이르게 됩니다. 한편 믿는 가정에서 자란 사람들은 구원에 대해 쉽게 감격하거나 감정이 요동하지 않습니다. 잘은 몰라도 하나님이 계시다는 것과 자기가 구원을 받았다는 것을 전제하고 신앙생활을 합니다.

　의지적 결단은 신앙에서 가장 늦게 오는 편입니다. 의지는 지성으로 동의하고 감정으로 공감한 대로 살기 위해 이를 악무는 과정입니다. 그런데 구원에 대해 이야기할 때 이 의지의 결단을 너무 많이 강조합니다. 예수님은 구원자시라고, 복음은 좋은 것이라고 강요 아닌 강요를 하니 할 수 없이 손을 들게 됩니다. "여러분, 마음 문을 열어야 합니다. 결단하셔야 됩니다. 결단했다면 일어나십시오. 잘하셨습니다!"라고 촉구합니다. 이런 권면이 틀렸다는 말이 아닙니다. 의지적 결단을 촉구해서는 안 된다는 말도 아닙니다. 그런 기회를 통해 우리가 얻은 구원을 확인할 수도 있습니다. 그러나 의지적 결단으로 구원을 받는 것은 아닙니다. 우리가 구원을 받았다는 인식은 구원 이후에 따라오는 것임을 분명히 알아야 합니다.

신자에게 요구되는 결단

성경이 우리에게 의지와 결단을 요구하는 때는 구원 이후입니다. 네가 하나님 백성으로 부름 받았으니 이제는 거짓되게 살지 말고 하나님 앞에 바르게 살아라, 라고 하는 때에 나오는 것이 의지와 결단입니다. 성경은 이런 때에만 우리의 의지를 요구합니다. 예수님을 영접할 때는 우리의 의지에 대해서 말하지 않습니다.

오해하기 쉬운 대표적인 성경 구절이 있습니다. "볼지어다 내가 문 밖에 서서 두드리노니 누구든지 내 음성을 듣고 문을 열면 내가 그에게로 들어가 그와 더불어 먹고 그는 나와 더불어 먹으리라"(계 3:20). 전도할 때 많이 사용하는 구절입니다. 전도할 때면, '주님이 당신의 마음을 두드리십니다. 지금 제 음성을 통해 하나님이 말씀하신다고 생각하십시오. 지금 문을 열면 살고 안 열면 죽습니다'라고 권면한 후에 이 구절을 인용하곤 합니다. 그런데 이 말씀은 불신자에게 하시는 말씀이 아니라 라오디게아 교회에 하시는 말씀입니다. 여기서 말하는 의지적 결단은 구원 얻은 자, 곧 신자에게 요구되는 것입니다.

문을 열라는 것은 구원받기 위해 영접하기로 결단하라는 말이 아닙니다. 하나님의 자녀인데도 왜 하나님 말씀대로 살지 않고 그리스도를 주인으로 받들어 섬기지 않느냐고 꾸짖으면서 그렇게 살겠다는 의지를 보이라고 하는 것입니다. 어떻게 살아야 하는지 이미 다 알고 있는 사람에게 하시는 말씀입니다. 왜 알면서 하지 않느냐는 꾸중입니다. 요한계시록 3장을 봅시다.

> 라오디게아 교회의 사자에게 편지하라 아멘이시요 충성되고 참된 증인이시요 하나님의 창조의 근본이신 이가 이르시되 내가 네 행위를 아노니 네가 차지도 아니하고 뜨겁지도 아니하도다 네가 차든지 뜨겁든지 하기를 원하노라 네가 이같이 미지근하여 뜨겁지도 아니하고 차지도 아니하니 내 입에서 너를 토하여 버리리라 (계 3:14-16)

차든지 뜨겁든지 하라는 것은 의지를 발휘하라는 말입니다. 배운 대로 살겠다고 마음먹어야 합니다. 그런 의지를 갖고 살아 보아야 비로소 우리가 얼마나 약한 존재인지를 깨닫게 됩니다.

우리는 모두 사마리아 여인입니다. 은혜가 주어졌으니 은혜를 누리는 사람이 되어야 합니다. 이 은혜가 있었기에 우리가 이 자리에 올 수 있었습니다. 이 은혜 안에서 비로소 우리는 만족할 수 있습니다. 이제 아무것도 우리를 유혹할 수 없고 좌절하게 할 수 없습니다. 이것이 사마리아 여인을 찾아오신 예수님의 말씀에서 우리가 깨닫는 내용입니다. 이것이 복음입니다.

이 기쁨과 영원한 복을 우리의 미련함으로 놓쳐서는 안 됩니다. 우리 자신을 더 많이 돌아보아 인간이 어떤 존재인지 알아야 합니다. 우리의 보잘 것 없는 자존심이 우리 눈을 멀게 한다는 것을 분명히 깨달으십시오. 그리고 신앙의 길을 가는 데 머뭇거리지 않겠다고 다시 한 번 다짐하십시오.

05

창세전에 목적하신 구원

11 여자가 이르되 주여 물 길을 그릇도 없고 이 우물은 깊은데 어디서 당신이 그 생수를 얻겠사옵나이까 12 우리 조상 야곱이 이 우물을 우리에게 주셨고 또 여기서 자기와 자기 아들들과 짐승이 다 마셨는데 당신이 야곱보다 더 크니이까 13 예수께서 대답하여 이르시되 이 물을 마시는 자마다 다시 목마르려니와 14 내가 주는 물을 마시는 자는 영원히 목마르지 아니하리니 내가 주는 물은 그 속에서 영생하도록 솟아나는 샘물이 되리라 15 여자가 이르되 주여 그런 물을 내게 주사 목마르지도 않고 또 여기 물 길으러 오지도 않게 하옵소서 16 이르시되 가서 네 남편을 불러 오라 17 여자가 대답하여 이르되 나는 남편이 없나이다 예수께서 이르시되 네가 남편이 없다 하는 말이 옳도다 18 너에게 남편 다섯이 있었고 지금 있는 자도 네 남편이 아니니 네 말이 참되도다 19 여자가 이르되 주여 내가 보니 선지자로소이다 (요 4:11-19)

인간이 가진 이해의 한계

본문은 예수님이 한 심령에 찾아오실 때 어떤 일이 벌어지는지 보여 줍니다. 예수님이 그에게 어떤 질문을 던지시는지, 또 인간은 그 질문에 어떻게 반응하는지 보여 주고 있습니다. 이런 모습을 통해 사람이 신자의 자리에 올 수 있게 되는 이유와 불신자가 영적 문제에 대해 이해할 수 없는 이유가 드러납니다.

요한복음 4장에서 보아 온 것이 무엇입니까? 예수님은 사마리아 여인에게 당신이 하나님이라는 사실과 인간이 갈급해야 할 영적 필요에 대해 말씀하시고 있습니다. 그러나 이 여인은 끊임없이 인간적 이해력의 범위 내에서만 반응합니다.

여인을 찾아온 예수님은 물을 달라고 말을 거시며 당신이 누구인지를 밝히려고 하십니다. 그런데 사마리아 여인이 예수님에게 보인 반응은 앞에서 본 니고데모의 반응처럼 방법론에 대한 것뿐입니다. 니고데모처럼 사마리아 여인도 어떻게 이런 일이 가능한지 묻습니다. 이것은 "어떻게 사람이 모태에 다시 들어갔다가 나올 수 있는가"라고 했던 니고데모의 반응과 같습니다. 진리에 속한 것을 자기가 아는 수준에서 납득하고 획득할 수 있다고 생각하는 것입니다. 인간은 자기도 모르게 이런 자만심을 가지고 있습니다. 사마리아 여인도 자신이 아는 수준으로 예수님을 이해하려고 했습니다. 요한복음 4장 10절을 봅시다.

> 예수께서 대답하여 이르시되 네가 만일 하나님의 선물과 또 네게 물 좀 달라 하는 이가 누구인 줄 알았더라면 네가 그에게 구하였을 것이요 그가 생수를 네게 주었으리라 (요 4:10)

이 말씀에 대한 반응이 11절입니다. "주여, 물 길을 그릇도 없고 이 우물은 깊은데 어디서 당신이 그 생수를 얻겠습니까?" 여인의 말은 "내가 보기에 우물은 깊고 당신은 물 길을 두레박도 안 가지고 있는데 무슨 수로 나에게 물을 주시겠다는 말입니까?"라는 것입니다. 여인은 예수님이 주시려는 생수가 흔히 마시는 물과는 다른 것임을 전혀 생각하지 못하고 있습니다.

이어서 이런 말도 합니다. "우리 조상 야곱이 이 우물을 우리에게 주셨고 또 여기서 자기와 자기 아들들과 짐승이 다 마셨는데 당신이 야곱보다 더 크니이까"(요 4:12). 여인에게는 야곱이 가장 큰 사람인 것 같습니다. 여인의 말에는 '당신이 야곱보다 더 대단한 사람이라면 제가 한번 관심을 가져 보겠습니다'라는 뜻이 담겨 있습니다.

우리는 하나님에 대해서 생각할 때에도 인간의 이해력으로 헤아리는 경향이 있습니다. 어떤 주일학교 교사가 아이들에게 하나님의 전지전능하심을 이렇게 설명했다고 합니다. "하나님은 모르시는 게 없어요. 귀신같이 다 알아맞히시죠." 하나님이 귀신과 동등한 위치에서 비교되고 있습니다. 교사는 인간이 귀신을 가장 세다고 여기고 있으니 이렇게 설명한 것입니다. 하나님과 비교할 적당한 대상이 떠오르지 않아서입니다. 어떤 사람은 이렇게 말하기도 합니다. "하나님은 놀라운 분이다. 꼭 족집게 무당 같으셔!" 이처럼 우리는 하나님에 대해 이야기할 때에 세상의 지식을 근거로 묘사합니다. 하나님에 대해 영적으로 눈 뜨지 못하고 인간적 지식의 한계를 내려놓지 않으면 그럴 수밖에 없습니다.

사마리아 여인은 지금 막 예수님을 만났습니다. 그분이 누구신지 전혀 감이 잡히지 않으니 여인의 반응이 오죽하겠습니까. 성경은 이것을 왜 기록한 것일까요? 요한복음 4장을 보고 우리는 여인이 얼른 예수님 발밑에 엎드려 '주여!' 하고 매달려야 할 텐데 왜 매달리지 않을까 하고 의아해합니다. 우리라면 그랬을 것이라고 생각하는 것입니다. 우리가 우리의 참모습을 똑바로 깨닫지 못해서 그렇습니다.

우리는 애초부터 우리가 하나님을 알아보았고 영생을 알았으며 진리를 인식했다고 착각합니다. 우리도 사마리아 여인 같은 과정을 거쳤다는 것을 생각하지 못하는 것입니다. 이렇듯 인간은 자기가 알고 있는 지식으로 신앙을 이해하려고 합니다. 그래서 하나님에 대해 이야기할 때도 인간의 한계를 벗어나지 못합니다.

회개가 이루어지는 과정

우리가 얼마나 영적으로 무지한 존재인지를 알기 위해 스데반 이야기를 떠올려 봅시다. 사도행전 7장에 보면 공회에 잡혀간 스데반은 긴 설교를 마친 후, 성난 군중이 던진 돌에 맞아 죽습니다. 그런 스데반의 죽음을 하나님은 귀하게 여기셨습니다. 성경은 돌에 맞아 죽은 스데반의 고난을 예수님이 박해받는 것이라고 설명하고 있습니다.

스데반이 죽은 후 바울은 살기가 등등하여 그리스도를 따르는 사람을 다 잡으려고 다메섹으로 갑니다. 그 길에서 예수 그리스도를 만납니다. 예수님은 바울에게 "나는 네가 핍박하는 예수라"라고 말씀하십니다. 여기서 예수님은 스데반이 돌을 맞은 것이 당신이 박해를 받은 것이라고 말씀하시는 것입니다. 이처럼 예수님은 스데반의 죽음을 귀히 여기셨습니다.

여기서 짚고 넘어갈 점이 있습니다. 우리는 스데반의 죽음을 우리 식으로 쉽게 미화합니다. 그가 돌에 맞아 죽었지만 아픔은 느끼지 않았을 것이라고 마음대로 추측합니다. 그래서 너도나도 스데반처럼 되겠다고 결심합니다. 그러나 스데반은 돌에 맞았을 때 육체적 아픔뿐만 아니라 형언할 수 없는 정신적, 영적 아픔도 겪었을 것입니다. 맞아 죽는 것은 추종할 만한 일이 아닙니다. 누구나 할 수 있는 일도 아닙니다. 그러니 스데반이 죽은 것처럼 따라 죽을 필요도 없습니다. 그런데도 우리는 이 이야기를 읽을 때 우리도 스데반처럼 장렬하게 순교했으면 좋겠다고 생각합니다. 그가 어떻게 그 자리에 이르게 되었는지는 생각하지 않고 하나님과 후세의 사람들 앞에 귀하게 인정받았다는 결과만을 생각하기 때문입니다. 그러나 이 이야기는 하나님에게 칭찬받고 인정받는 길이 얼마나 아프고 처절한 길인지 보여 주고 있습니다. 우리는 이 사실은 외면한 채 스데반의 영광만 생각하며 그처럼 되겠다는 생각에만 머물러 있습니다.

우리는 기독교를 너무 모르고 있습니다. 무엇보다도 기독교가 말하는 인간이 어떤 존재인지 모릅니다. 우리가 누구였으며 지금은 어떻게 변화되었는지, 그럼에도 여전히 우리 안에 세상적인 것들이 얼마나 많이 섞여 있는지 잘 이해하지 못합니다. 성경이 지적하는 인간의 참모습과 죄에 대해 무지한 것입니다. 그래서 모두가 자기만의 생각에 갇혀 환상에 부풀어 있습니다. 그렇게 쉽게 무엇을 할 수 있고 무엇이 될 수 있다고 꿈꾸지 마십시오. 우리는 사마리아 여인과 방불한 사람이었습니다. 아직도 많은 사람이 그 자리에 머물러 있습니다. 신자임에도 불구하고 여인이 했던 질문에서 여전히 한 걸음도 나아가지 못한 채 말입니다.

"당신이 야곱보다 더 큽니까?"라는 여인의 질문에 대한 예수님의 답은 이렇습니다. "예수께서 대답하여 이르시되 이 물을 마시는 자마다 다시 목마르려니와 내가 주는 물을 마시는 자는 영원히 목마르지 아니하리니 내가 주는 물은 그 속에서 영생하도록 솟아나는 샘물이 되리라"(요 4:13-14). 그러자 여인은 선뜻 "주여, 그런 물이라면 제게 주십시오"라고 구합니다. 이것은 대단한 진전입니다. 드디어 달라고 한 것입니다. 그런데 여인이 물을 구한 것은 다시 물을 길으러 오지 않아도 된다는 데 그 이유가 있었습니다.

"다시는 물을 길으러 여기 오지 않게 해 주십시오."라는 여인의 말에서 신자가 예수를 처음 믿을 때의 모습을 볼 수 있습니다. 사람이 하나님을 처음 믿기 시작할 때 그에게 중요한 것은 영적 문제가 아니라 세상적 이익입니다. 인간은 세상적 이익 때문에 하나님을 믿기 시작합니다. 부끄럽게 여기라고 하는 말이 아닙니다. 그것은 당연합니다. 우리는 영적 진리에 대해서는 형편없이 무지한 존재입니다. 그러니 하나님 앞에 구할 것은 은혜와 긍휼입니다. 지금이라도 하나님 앞에 마땅히 은혜를 구하고 "불쌍히 여겨 주십시오"라고 기도해야 합니다. 그러나 그래야 한다는 사실을 모르고 있습니다. 자신이 꽤 쓸 만한 존재라고 착각하고 있는 것입니다.

하나님이 죄를 인식시키시는 방법

16절에 보면 예수님은 여인의 말을 듣고 난데없이 남편을 불러오라고 하십니다. 왜 여인에게 갑자기 남편을 불러오라고 하셨을까요? 여기서 초점은 여인의 남편에게 있는 것이 아닙니다. 예수님은 지금 남편 이야기를 꺼내 여인의 죄를 지적하시는 것입니다. 죄를 지적하여 꼼짝할 수 없게 하십니다.

우리는 이해관계와 호기심 때문에 하나님 앞에 나아가지만 그 자리에 들어서는 순간 죄를 지적받습니다. 죄를 지적당하지 않고 기독교에 들어올 수 있는 사람은 없습니다. 이 점이 이 대화에서 가장 주목할 부분입니다.

많은 사람이 이야기합니다. 예수를 믿는다는 것에 뭐 다를 게 있는가, 이웃에게 부끄럽지 않고, 정직하고 떳떳하게 살면 그게 신앙 아닌가, 라고 합니다. 이것은 잘못된 생각입니다. 기독교란 우리가 죄인이라는 사실을 마음속 가장 깊은 곳으로부터 확인하게 합니다. 죄란 무엇입니까? 하나님을 모르고 있는 것부터가 죄입니다. 도덕적으로 얼마나 떳떳하고 정직하게 사느냐를 묻는 것이 아닙니다. 하나님을 모르는 것이 가장 큰 죄입니다.

여인의 가장 큰 죄는 예수님을 몰라본 일입니다. 그런데 예수님은 죄를 인식시킬 때 '네가 나를 모르는구나'라는 지적으로 시작하시지 않습니다. 그 큰 죄는 여인이 아직 인식하지 못하기 때문입니다. 죄에 대한 감각이 없으면 그런 큰 죄는 인식할 수 없습니다. 그래서 예수님은 죄의 한 현상을 들어 죄 문제를 이야기하시기 시작합니다. 현상을 보여 주심으로 죄를 인식하게 하시는 것입니다.

예를 들어, 폐병에 걸리면 여러 증상이 나타납니다. 미열이 난다든지 쉽게 피로를 느낀다든지 합니다. 확실한 증상은 잦은 기침입니다. 누군가 우리에게 심상치 않은 기침 같다고 지적하면 '아, 내 폐가 이상한 것 같다. 어디 아픈 건 아닐까' 하고 인식하게 됩니다. 회개가 이와 같습니다.

맨 처음 회개했던 순간을 돌아봅시다. 우리가 처음 회개하는 것은 영적 차원의 문제가 아닙니다. 우리는 도덕적 윤리적 차원에서 죄인이라는 것을 지적받았기 때문에 회개하기 시작합니다. 각자가 어떤 뼈아픈 사건에 연루된 것이 기억나 '내가 이렇게 악당이구나'라고 고백하게 되는 것입니다.

한 갑부가 죽을 때가 되어 아들 둘에게 재산을 물려주게 되었습니다. 아버지는 형제간에 다툼을 피하게 하려고, 재산을 둘로 나누는 일은 동생에게 맡기고 둘 중에 선택하는 일은 형이 먼저 하게 했습니다. 그래서 싸움이 생기지 않았습니다. 지혜로운 생각입니다. 한 사람은 재산을 나누었고 다른 한 사람은 먼저 선택했으니 이보다 공평할 수는 없습니다.

그런데 이런 식으로 재산을 나누는 것이 과연 바람직한 일일까요? 싸우지 않고 공평하게 재산을 나눠 가졌다고 해서 이 형제의 우애가 깊다고 할 수 있습니까? 재산을 분배할 때는 미처 몰랐다가 나중에야 "양보도 한 번 안 하다니 내가 참 잘못했구나" 하고 깨닫습니다. 자신들이 부족하다는 것을 유산 분배를 통해 인식하게 된 것입니다. 이런 잘못이 하나님을 모르는 죄의 증상이라는 것까지는 아직 모르지만 자신의 죄를 확인한 것입니다. 이런 식으로 하나님은 우리가 죄인이라는 사실을 인식시키실 때 우리를 항복시키기 위하여 구체적인 경험과 사건으로 우리의 죄를 지적하십니다. 그때 우리는 꼼짝 못합니다.

이것이 하나님이 우리를 항복시키시는 방법입니다. 이런 사건들로 우리를 하나님 앞에 항복시키셔서 우리가 죄인임을 깨닫게 하십니다. 그것으로부터 우리는 하나님을 알지 못한 것이 가장 큰 죄임을 깨닫기 시작하는 것입니다.

구원은 우리의 인식이나 회개가 있어야 시작되는 것이 아닙니다. 이것이 사마리아 여인 이야기에서 가장 중요한 내용입니다. 사마리아 여인이 언제 구원을 얻습니까? 19절에서 "주여, 내가 보니 선지자이십니다"라고 말하는 것으로 보아 여인은 아직도 하나님이신 예수님을 알아보지 못하고 있습니다. 그러나 이런 말을 하는 것을 보면 여인이 자기 앞에 계신 예수님의 말씀에서 영적 무게를 느끼고 있음을 알 수 있습니다. 예수님의 말씀에서 이분이 단지 일반적 교양이나 권위가 있는 사람이 아니라 영적 무게를 지닌 존재라는 것을 인식하게 된 것입니다. 아직도 여인은 예수님을 선지자로만 부르고 있으나 여인이 예수님을 처음 마주쳤을 때 보인 반응을 떠올려 보면 상당히 진전된 것입니다. 그렇다면 이때가 여인이 구원받은 시점일까요? 여인은 "당신은 선지자이십니다"라는 말보다 조금 더 나아가야 구원의 믿음에 이르겠지만, 이것은 인간의 관점에서 구원을 생각할 때 그렇다는 말입니다. 여인의 구원은 예수님이 찾아오신 때에 이미 이루어졌습니다. 한 걸음 더 나아가서 말하자면, 여인은 창세전에 예정된 사람입니다.

반드시 이루시는 하나님

말이 좀 어렵지만 '창세전에 예정된 사람'이라는 말이 무슨 뜻인지 짚고 넘어갑시다. 하나님은 하시고자 하는 일에 결코 실패하시지 않는 분입니다. 성경에서는 그것을 '하나님은 전능하시다'라고 표현합니다. 하나님은 하시려는 일은 반드시 하시고야 만다는 뜻입니다. 그보다 좋은 표현은 '하나님은 영원하시다'입니다. 더 좋은 표현도 있습니다. '하나님은 말씀이시다'가 그것입니다.

'말씀으로 천지를 만드셨다'라는 것은 말씀이 천지창조의 수단이라는 뜻이 아닙니다. 하나님이 계획하시고 의도하신 일은 중단

되지도 방해받지도 않는다는 뜻입니다. 하나님은 천지를 창조하실 때 굳이 말씀까지 하실 필요 없이 눈짓만 하셔도 됩니다. 그저 마음만 먹어도 하실 수 있는 분입니다. 마음만 먹어도 하실 수 있다는 말은 마음먹으면 무엇이 생겨난다는 뜻이 아닙니다. 하나님은 마음먹은 것은 이루시고야 마는 분이라는 뜻입니다. 그러니 말씀으로 천지를 만드셨다는 말은 작정하고 계획하신 것은 이루시고야 만다는 의미를 담고 있습니다. 능력의 차원에서나 집념의 차원에서나 하나님은 뜻하신 바를 이루신다는 말입니다.

영원 전부터 계신 하나님은 태초에 계획을 세워 놓으셨습니다. 중간에 계획을 철회하거나 바꾸시는 분이 아닙니다. 그래서 구원을 논할 때마다 태초에, 창세전에, 영원 전부터 예정하셨다는 말을 쓰는 것입니다. 하나님이 한 인간을 구원하기로 계획하신 이상 그 사람은 구원받습니다. 누군가를 구원하기로 하셨으면 반드시 그를 구원하시고야 맙니다. 그런데 하나님은 그 일을 우리의 시간 속에서 이루십니다. 어느 날 갑자기 우리를 찾아오셔서 흔들고 깨우치십니다. 야곱에게 하신 것처럼 씨름을 하셔서라도 기어코 우리를 항복시키시고야 맙니다.

그럴 때 우리가 항복하지 않겠다고 할 수 있을까요? 물론 우리는 구원에 반대할 수 있습니다. 그러나 우리가 반대할 수 있다는 것과 우리가 구원에서 거절될 수 있다는 것은 다른 이야기입니다. 자식들에게 공부하라고 하면 순종합니까? 대부분 안 한다고 합니다. 그러면 포기하고 맙니까? 어떻게 해서라도 공부하게 합니다. 이처럼 하나님은 우리를 향하신 계획을 이루시고야 마는데, 우리에게 친히 오셔서 설득하시고 말씀하시고 간섭하시는 방법으로 그렇게 하십니다. 하나님은 우리의 삶과 생각 속에 찾아오십니다. 그러나 우리는 쉽게 항복하지 않습니다. 그러다 언젠가는 "예, 믿겠습니다"라고 항복하는 날이 옵니다.

그렇다면 구원은 우리가 "예, 믿겠습니다"라고 고백할 때부터 시작되는 것일까요? 아니면 영원 전부터 시작된 것일까요? 사마리아 여인은 영원 전부터 구원을 얻은 자인데 우물가에서 예수님을 만나 "오늘부터 믿겠습니다"라고 항복한 것입니다. 그러니 성경이 분명하게 전달하고 싶은 이야기는 "믿겠습니다"라고 항복하는 것이 구원의 조건은 아니라는 점입니다. 구원이 하나님의 은혜요, 하나님의 선물이요, 하나님의 사랑이라고 표현하는 이유가 바로 여기에 있습니다.

내가 어느 날 갑자기 회개하고 예수를 믿기로 결심하게 된 것은 사실이지만 그날 그 경험을 했다고 해서 그때 구원을 얻었다고 하는 것은 너무 몰염치한 생각입니다. 우리가 회개하고 믿게 된 것은 하나님이 우리를 향한 계획을 이루기 위하여 우리에게 간섭하시고 긍휼을 베푸셔서 생긴 결과이기 때문입니다. 할 수 없이 믿기로 항복했으면서 마치 하나님은 나를 쳐다보지도 않았는데 내가 찾아가서 문을 두드리고 받아 달라며 삼고초려三顧草廬라도 한 것처럼 생각합니다. 우리가 하는 회개는 모두 하나님이 우리를 여기까지 이끌어 와서 우리의 죄를 직시하게 하신 은혜로 생겨난 결과입니다. 그런데도 우리는 자꾸 내가 열심을 가지고 내 발로 나왔는데도 주시는 게 없다고 하나님을 향하여 불평합니다.

우리가 어떤 은혜를 입어 이 자리에 나와 있는지를 확인해야 합니다. 얼마나 큰 하나님의 은혜입니까. 여기에 다른 것을 붙일 여백이 없습니다. 그런 은혜를 선물로 받았습니다. 사마리아 여인 이야기에서 이 사실이 명백하게 나타나는 것입니다.

늘 우리는 "어떻게 그럴 수가 있느냐. 그것이 가능하냐"라고 이야기합니다. 그러나 하나님이 간섭하시고 간섭하셔서 우리는 어느 날 자기가 누구이며 인생이 무엇이며 생명과 진리가 무엇인지 깨닫고 그것에 항복하여 이 자리에 오게 되었습니다. 이렇게 자신이 죄인이라는 것을 인정하는 사람이 되었습니다. 이것이 바로 은혜입니다.

우리가 어떤 은혜와 보살핌과 간섭과 작정 속에 인도받은 자들인지 아는 것, 또 그러한 은혜와 간섭을 지금도 받고 있으며 앞으로도 받게 될 것이라는 사실을 아는 것이 모든 신자에게 가장 중요한 일이며 가장 큰 행복입니다.

우리가 바로 사마리아 여인입니다. 과거에 어떤 사람이었는지와 상관없이 은혜를 입은 사람들입니다. 피곤한 중에도 여인을 찾아오셔서 말이 안 되는 이야기를 끊임없이 들어 주시고 인내하셔서 결국 여인을 항복하게 만드신 하나님의 그 열심이 지금 우리를 이 자리에 있게 했습니다. 그런 우리를 위해 예수님이 십자가의 고통을 감수하셨다는 것을 기억하면, 자신을 다른 사람과 비교할 수도, 자기는 은혜를 조금밖에 못 받았다는 식의 이야기를 감히 입에 올릴 수도 없습니다. 우리가 하나님의 큰 사랑과 은혜를 입어 이 자리에 오게 된 것이라는 사실을 기억하여 늘 감사가 넘치기 바랍니다.

06

참된 예배

20 우리 조상들은 이 산에서 예배하였는데 당신들의 말은 예배할 곳이 예루살렘에 있다 하더이다 **21** 예수께서 이르시되 여자여 내 말을 믿으라 이 산에서도 말고 예루살렘에서도 말고 너희가 아버지께 예배할 때가 이르리라 **22** 너희는 알지 못하는 것을 예배하고 우리는 아는 것을 예배하노니 이는 구원이 유대인에게서 남이라 **23** 아버지께 참되게 예배하는 자들은 영과 진리로 예배할 때가 오나니 곧 이 때라 아버지께서는 자기에게 이렇게 예배하는 자들을 찾으시느니라 **24** 하나님은 영이시니 예배하는 자가 영과 진리로 예배할지니라 (요 4:20-24)

예배할 곳

사마리아의 한 동네에서 예수님이 한 여인과 나누시는 대화를 통해 참된 예배에 대해 생각해 보고자 합니다. 앞 장에서 드디어 사마리아 여인이 '주여 내가 보니 선지자로소이다'(요 4:19)라고 하는 자리까지 왔다고 했습니다. 여인이 예수님에게서 초월자의 임재를 느끼는 데 이른 것입니다.

 이때 여인은 바로 지금이라는 듯, 한 가지 질문을 합니다. 20절에서 보듯 "우리 조상들은 이 산에서 예배하였는데 당신들은 예배할 곳이 예루살렘에 있다 하더이다"라고 말합니다. 이 말에는 "어디서 예배를 드려야 합니까?"라는 질문이 담겨 있습니다. 답을 알려 줄 수 있을 것 같은 분이라고 느끼자 중요하게 생각하고 있던 질문을 꺼낸 것입니다.

 20절에서 사마리아 여인이 말한 조상들이 예배하였다는 산은 그리심 산을 지칭하는 것으로 추측할 수 있습니다. 그리심 산은 구약시대에 모세도 언급한 적이 있습니다. 모세는 이스라엘 백성을 애굽에서 이끌고 나와 가나안 입구까지 오지만 그리심 산이 있는 가나안 땅에는 들어가지 못하고 죽습니다. 대신 이스라엘 백성에게 가나안 땅에 들어가 행해야 할 것을 유언합니다. 가나안에 들어가 전쟁을 마치고 족속 간에 땅을 나누어 가진 다음에 모든 이스라엘 백성이 모여 그리심 산에서 축복을 선포하고 에발 산에서 저주를 선포하라는 것입니다. 가나안에 들어간 후 하나님 말씀대로 살면 복을 받을 것이고 하나님 말씀에 불순종하면 저주를 받을 것이라고 이스라엘 백성들 스스로 선포하게 한 것입니다.

창세기 12장에는 그리심 산이 자리한 땅에 대한 역사적 배경이 나옵니다. 아브라함이 하나님의 명령을 따라 갈대아 우르를 떠나 하란에 이르렀다가 하란에서 드디어 가나안 땅으로 들어가는 장면입니다.

> 아브람이 그의 아내 사래와 조카 롯과 하란에서 모은 모든 소유와 얻은 사람들을 이끌고 가나안 땅으로 가려고 떠나서 마침내 가나안 땅에 들어갔더라 아브람이 그 땅을 지나 세겜 땅 모레 상수리나무에 이르니 그 때에 가나안 사람이 그 땅에 거주하였더라 여호와께서 아브람에게 나타나 이르시되 내가 이 땅을 네 자손에게 주리라 하신지라 자기에게 나타나신 여호와께 그가 그 곳에서 제단을 쌓고 (창 12:5-7)

아브람이 세겜 땅 '모레'라는 곳에 이릅니다. 여호와께서 그곳에 나타나시자 아브람이 단을 쌓았다고 합니다. 그런데 신명기 11장에도 같은 지명이 나옵니다.

> 네 하나님 여호와께서 네가 가서 차지할 땅으로 너를 인도하여 들이실 때에 너는 그리심 산에서 축복을 선포하고 에발 산에서 저주를 선포하라 이 두 산은 요단 강 저쪽 곧 해지는 쪽으로 가는 길 뒤 길갈 맞은편 모레 상수리나무 곁의 아라바에 거주하는 가나안 족속의 땅에 있지 아니하냐 (신 11:29-30)

이 말씀을 보면 그리심 산은 세겜 땅 모레와 가까이 있는 곳으로 보입니다. 아브람이 단을 쌓은 곳이라면 예전부터 중요한 장소였을 것입니다. 이것을 염두에 두고 사마리아 여인의 말을 생각해 봅시다.

사마리아 여인의 말은 "우리는 대대로 이 그리심 산에서 예배를 드렸는데, 유대인들은 예루살렘에서 예배를 드려야 한다고 하네요"라는 것입니다. 그러나 성경은 그리심 산에서 예배를 드린 일에 대해 언급한 적이 없습니다. 그런데도 왜 사마리아 사람들은 그리심 산을 예루살렘보다 중요하게 생각하는 것일까요? 그럴 만한 이유가 있습니다. 먼저 이스라엘이 남북으로 분열한 사건을 살펴봅시다.

> 여로보암이 에브라임 산지에 세겜을 건축하고 거기서 살며 또 거기서 나가서 부느엘을 건축하고 그의 마음에 스스로 이르기를 나라가 이제 다윗의 집으로 돌아가리로다 만일 이 백성이 예

> 루살렘에 있는 여호와의 성전에 제사를 드리고자 하여 올라가면 이 백성의 마음이 유다 왕 된 그들의 주 르호보암에게로 돌아가서 나를 죽이고 유다의 왕 르호보암에게로 돌아가리로다 하고 이에 계획하고 두 금송아지를 만들고 무리에게 말하기를 너희가 다시는 예루살렘에 올라갈 것이 없도다 이스라엘아 이는 너희를 애굽 땅에서 인도하여 올린 너희의 신들이라 하고 하나는 벧엘에 두고 하나는 단에 둔지라 이 일이 죄가 되었으니 이스라엘 백성들이 단까지 가서 그 하나에게 경배함이더라 (왕상 12:25-30)

이스라엘은 솔로몬 왕 사후에 나라가 둘로 나누어집니다. 열두 지파 중 열 지파가 다윗 왕조를 배반하고 북쪽 지역에 나라를 세우는데 이 나라가 이스라엘입니다. 한편, 다윗 왕조의 정통성을 인정한 유다 지파와 베냐민 지파가 남쪽 지역에 이어간 나라가 유다입니다.

여로보암이 통치한 북 왕조의 이스라엘 백성들은 예배를 드리기 위해 예루살렘 성전을 오갔습니다. 그런데 성전이 남 왕조 유다 지역에 속한 예루살렘에 있으니 여로보암에게는 걱정거리가 생겼습니다. 북 이스라엘 백성들이 예배를 드리러 예루살렘을 오가다 보면, 왕위의 정통성이 유다 쪽으로 기울어 결국 백성들이 자기를 왕으로 인정하지 않게 될 것이라는 걱정이었습니다.

그래서 그는 금송아지 형상을 두 개 만들어 하나는 벧엘에, 다른 하나는 이스라엘 최북단에 위치한 단에 세웠습니다. 그런 후에 백성들에게 예루살렘 성전까지 갈 필요 없이 여기서 예배를 드리라고 합니다. 결국 북 왕조는 하나님을 예배하는 것이 아니라 금송아지를 경배하게 된 것입니다.

그때 북 왕국에서는 이스라엘 백성들이 예배하러 예루살렘까지 가지 않아도 되는 타당한 이유를 제시해야 했을 것입니다. 그리고 마침 아브라함이 그리심 산 가까운 곳에 단을 쌓은 것이 그들의 주장에 힘을 실어 줄 좋은 역사적 근거가 되었을 것입니다. 더군다나 그리심 산은 복을 선포하던 장소였으니 더할 나위 없이 좋은 예배 장소로 여겨졌을 것이라고 추측해 볼 수 있습니다.

사마리아 여인이 "우리 조상들은 이 산에서 예배했습니다"라고 말한 데에는 이런 연유가 있었을 것입니다. "왜 당신들은 예루살렘에서 예배를 드립니까? 우리 조상인 아브라함도 여기서 예배를 드렸으니 이쪽이 정통 아닙니까?"라고 묻는 것입니다. 여인에게는 이것이 큰 질문거리였던 모양입니다.

이에 예수님은 "여자여 내 말을 믿으라 이 산에서도 말고 예루살렘에서도 말고 너희가 아버지께 예배할 때가 이르리라 너희는 알지 못하는 것을 예배하고 우리는 아는 것을 예배하노니 이는 구원이 유대인에게서 남이라"(요 4:21-22)라고 답하신 후, 이어서 "영과 진리로 예배하라"라고 말씀하십니다.

영과 진리로 드리는 예배

영과 진리로 드리는 예배란 어떤 예배일까요? 예수님은 영과 진리로 예배하라는 말을 처음부터 꺼내시지 않고 이 말씀을 하시기 전에 징검다리를 하나 놓으시는 것 같습니다. 21절을 보면 '여자여 내 말을 믿으라 이 산에서도 말고 예루살렘에서도 말고 너희가 아버지께 예배할 때가 이르리라'라고 하여 '예배할 때'를 언급하십니다. 이어 23절에서도 '아버지께 참되게 예배하는 자들은 영과 진리로 예배할 때가 오나니 곧 이 때라'라고 하여 '예배할 때'를 한 번 더 언급하십니다. 왜 예수님이 '때'를 언급하셨는지 생각해 봅시다. 영과 진리로 예배를 드리는 것에 '때'는 왜 고려되어야 하는 것일까요?

이것을 알기 위해서는 '아버지'라는 단어를 먼저 주목해야 합니다. 21절을 다시 봅시다. "예수께서 이르시되 여자여 내 말을 믿으라 이 산에서도 말고 예루살렘에서도 말고 너희가 아버지께 예배할 때가 이르리라."

'아버지'라는 말은 23절에도 나옵니다. "아버지께 참되게 예배하는 자들은 영과 진리로 예배할 때가 오나니 곧 이 때라 아버지께서는 자기에게 이렇게 예배하는 자들을 찾으시느니라." 이 대화에서 중요한 단어는 '아버지'입니다. 예수님은 아버지께 예배할 때가 온다, 그때에야 영과 진리로 예배할 수 있다고 말씀하십니다.

이 말씀에서 예배가 무엇인지 드러납니다. 예배란 아버지를 알고 아버지께 마땅한 대접을 하는 것입니다. 우리가 하나님 앞에 참된 예배를 드리는 것은 하나님을 아버지로 인식하며 아버지께 영광과 경배를 올바로 드릴 때 이루어지는 것이지, 형식이나 방법으로 대신할 수 있는 것이 아닙니다. 예수님의 말씀에서 '때'가 등장하는 이유를 이제 알 수 있습니다.

예수님만이 아버지가 누구신지 밝히실 수 있는 분입니다. 예수님이 오시기 전에는 사람들이 하나님에 대해 기본적인 것밖에는 알 수가 없었습니다. 하나님 말씀을 듣지 않으면 큰일 날 것이라는 정도만 생각할 수 있었습니다. 그러나 예수님이 오시자 비로소 우리는 하나님이 누구신 줄 알게 되었습니다. 하나님이 우리의 아버지신 것을 알게 된 것입니다.

아버지는 우리에게 필요한 물질을 채워 주시는 존재 정도에 불과한 분이 아닙니다. 여기서 아버지는 우리와 끊을 수 없는 혈육과 같은 관계를 맺으시며 사랑, 자비, 긍휼과 같은 성품으로 우리를 대하시는 분을 의미합니다.

하나님이 이렇게 우리에게 아버지이실 수 있는 것은 예수님으로 말미암아서만 가능합니다. 이런 의미에서 예수님이 오시기 전에는 참다운 예배를 드리는 것이 불가능했다고 해도 과언이 아닙니다. 예수님이 오셨기에 비로소 '때'라는 말이 등장한 것입니다. 이제 우리는 요한복음 1장의 이 말씀도 이해할 수 있습니다.

> 율법은 모세로 말미암아 주어진 것이요 은혜와 진리는 예수 그리스도로 말미암아 온 것이라 본래 하나님을 본 사람이 없으되 아버지 품 속에 있는 독생하신 하나님이 나타내셨느니라
>
> (요 1:17-18)

이 말씀에서 모세는 왜 등장할까요? 구약에서 모세가 할 수 있었던 것은 하나님이 무엇을 좋아하시며 무엇을 싫어하신다는 식의 율법전서 같은 이야기밖에 없었습니다. 하나님이 인격적인 분이라는 설명은 할 수 없었습니다. 이런 설명은 예수님이 오셔서 가능하게 된 것입니다.

오늘 우리가 영과 진리로 예배드릴 수 있게 된 것은 예수 그리스도로 말미암아 하나님이 누구신 줄 알게 되었기 때문입니다. 하나님을 아버지로 알아야 영과 진리로 예배할 수 있습니다. 하나님 아버지는 우리를 사랑하시며 오늘도 우리를 지키시는 분입니다. 우리의 처지를 안타까워하셔서 밤잠을 못 주무시며 속을 태우고 계시는 분입니다. 하나님에 대한 이런 감각이 우리에게 생기기 전에는 영과 진리로 예배드리는 것이 불가능합니다. 이런 차원에서 볼 때 영과 진리로 드리는 예배란 마음을 다하고 뜻을 다하고 힘을 다하여 하나님을 사랑하는 것입니다. 이것은 성경이 요구하는 가장 큰 계명입니다. 영과 진리로 드리는 예배란 하나님을 사랑하는 행위인 것입니다.

요한복음 14장 6절 이하를 보면, 예수님이 "내가 곧 길이요 진리요 생명이니 나로 말미암지 않고는 아버지께로 올 자가 없다"라고 말씀하십니다. 그리고 또 "너희가 나를 알았더라면 내 아버지도 알았으리로다 이제부터는 너희가 그를 알았고 또 보았느니라"라고 말씀하십니다. 그러자 제자 빌립이 "주여, 아버지를 우리에게 보여 주옵소서"라고 구합니다. 예수님이 그에게 이렇게 답하십니다.

> 예수께서 이르시되 빌립아 내가 이렇게 오래 너희와 함께 있으되 네가 나를 알지 못하느냐 나를 본 자는 아버지를 보았거늘 어찌하여 아버지를 보이라 하느냐 내가 아버지 안에 거하고 아버지는 내 안에 계신 것을 네가 믿지 아니하느냐 내가 너희에게 이르는 말은 스스로 하는 것이 아니라 아버지께서 내 안에 계셔서

> 그의 일을 하시는 것이라 내가 아버지 안에 거하고 아버지께서 내 안에 계심을 믿으라 그렇지 못하겠거든 행하는 그 일로 말미암아 나를 믿으라 (요 14:9-11)

하나님이 어떤 분인지 알기 위해서는 복음서를 읽으면 됩니다. 예수님이 하신 일을 보면 하나님을 알 수 있습니다. 복음서에 나타난 예수님은 어떤 분이십니까?

베드로가 예수님을 잡으러 온 말고의 귀를 베어 버리자 이것마저 참으라고 하시면서 말고의 귀를 만져 낫게 해 주신 분입니다. 그는 자기를 십자가에 못 박은 이들을 위하여 '아버지, 저들을 사하여 주옵소서'(눅 23:34)라고 기도하신 분입니다. 그는 자신이 기른 제자에게 배반당하셨습니다. 그가 세상에서 받은 것은 구유와 십자가뿐이었습니다. 그런데도 제자들을 사랑하시되 끝까지 사랑하셨다고 성경은 기록합니다(요 13:1). 그렇게 사람들을 사랑하셨습니다. 그분이 우리 하나님이십니다.

하나님이 어떤 분인지 알 수 있는 중요한 말씀이 왜 성경 앞부분부터 기록되어 있지 않고 요한복음 4장에서야 나왔을까요? 그것은 우리가 빨리 알아듣지 못하기 때문입니다. 본문인 요한복음 4장 22절에도 그런 우리의 모습이 함축되어 있습니다. "너희는 알지 못하는 것을 예배하고 우리는 아는 것을 예배하노니 이는 구원이 유대인에게서 남이라."

이스라엘 백성은 모세를 통하여 출애굽하고 시내 산에서 율법을 받고 예루살렘에 성전을 지었음에도 금송아지를 만들고 그것을 가리켜 "이는 너희를 애굽 땅에서 인도하여 올린 너희의 신들이라"(왕상 12:28) 하고 섬겼습니다. 이들은 처음부터 그랬습니다. 모세가 시내 산에서 십계명과 율법을 받기 위해 40일 동안 금식하고 있을 때, 산 밑에서는 기다리다 지친 백성들이 금송아지를 만들어 '이는 너희를 애굽 땅에서 인도하여 낸 너희 신이로다'(출 32:4) 하고 숭배합니다.

이 사건들을 보면 인간이 처음 종교성을 표현할 때는 인격적 대상을 향하지 않는다는 것을 알 수 있습니다. 섬기는 대상을 이해하지 못하고 자기최면에 빠지는 모습을 보게 됩니다. 자기 손으로 만들어 놓은 것을 경배하다니 얼마나 우스운 일입니까. 이렇게 인간은 자기 손으로 만든 것에 고개를 숙일 만큼 영적 문제에 어리석습니다. 바로 그것이 타락하다 못해 이지러진 우리의 영적 모습입니다.

이스라엘 백성의 우상숭배는 구약 내내 이어집니다. 이런 일들은 이스라엘이 바벨론의 포로가 되어서야 사라집니다. 환난을 당하고 어려움에 처해야 비로소 사람은 자기 눈가림을 하던 것에서 손을 놓게 되어 최면에서 깨어나는 것입니다.

예수님이 오시기 전 구약시대에는 선지자가 등장하기만 하면 도처에 편만해 있는 우상숭배를 지적하곤 했습니다. 그런데 신약에서 예수님은 우상숭배로 싸우신 적이 없습니다. 그때는 우상숭배 대신 도덕적 경건주의가 판을 치고 있었습니다. 그래서 예수님은 전 생애에 걸쳐 바리새인과 싸우셨던 것입니다. 도덕적 경건주의, 즉 스스로 옳다고 여기는 도덕과 윤리를 지키는 것을 종교라고 생각하는 사람들과 싸우셨습니다.

한 인간이 신앙의 수준을 높여 가는 여정에서는 언제나 이 두 과정, 자기최면과 도덕적 경건주의를 극복해야만 합니다. 그래야 영과 진리로 예배하는 자리에 이를 수 있습니다.

영과 진리가 무엇입니까? 하나님이 창조주이시며 동시에 나의 아버지라는 것을 뜨겁게 인식하는 것입니다. 하나님을 아느냐 모르느냐의 싸움이 여기 있습니다.

형식주의와 진정한 형식

그렇다면 형식은 필요 없는 것일까요? 어떤 이는 교회도 필요 없다며 집에서 혼자 예배드리는 것이 낫지 굳이 교회에 모일 필요가 있느냐고 말하기도 합니다. 그러나 이것은 인간의 나약함을 모르고 하는 소리입니다.

사람이 혼자만의 진심을 가지면 사람 수만큼 진심도 제각각일 것입니다. 혼자 생각하면 늘 독재자가 되기 마련입니다. 독단으로 흐르게 됩니다. 그래서 사람에게는 항상 견제 세력이 필요합니다. 빨갛게 달아오른 석탄 덩어리도 꺼내 놓으면 식듯이, 인간은 자신을 혼자 지킬 만큼 강하지 못하다는 사실을 알아야 합니다.

이것이 교회가 필요한 중요한 이유 중 하나입니다. 교회는 하나님에게 함께 나아가는 통로로만 기능하는 것이 아닙니다. 교회에 모이는 것은 하나님을 아버지라고 부르는 사람들이 모여 향기를 내기 위해서이기도 합니다. 이것이 교회에 주어진 중요한 소명입니다.

성경이 말하는 형식이란 성의의 표현입니다. 그러나 형식이 내용을 대체할 수는 없습니다. 정성이 넘치면 형식은 자연히 생기기 마련입니다. 연애편지를 쓸 때 아무 종이나 뜯어서 쓰는 사람은 없습니다. 고르고 고른 편지지에 몇 번이나 쓰고 찢고를 반복하는 정성을 기울입니다. 이렇게 형식이라는 것은 사람의 내면에 가득 찬 정성이 바깥으로 흘러나온 모습입니다. 형식은 내용을 대체하거나 내용의 조건으로 요구되는 것이 아닙니다.

성경은 영과 진리로 드리는 예배를 요구하여 예배가 형식이나 방법으로 여겨질 수 없음을 알려 줍니다. 사마리아 여인은 예배 장소에 대해 물었습니다. "이 산에서 예배를 드리는 것입니까, 예루살렘에서 예배를 드리는 것입니까?" 이 질문에 예수님은 "예배를 드리는 장소는 문제가 아니다. 예배에서 가장 중요한 것은 장소나 방법이 아니라 대상이다"라고 답하십니다. 그래서 23절처럼 말씀하신 것입니다.

> 아버지께 참되게 예배하는 자들은 영과 진리로 예배할 때가 오나니 곧 이 때라 아버지께서는 자기에게 이렇게 예배하는 자들을 찾으시느니라 (요 4:23)

성경은 하나님을 정말 사랑하면 그 사랑이 흘러넘칠 수밖에 없다고 가르칩니다. 우리가 하나님을 사랑한다면 "저는 하나님을 목숨 걸고 사랑합니다"라고 고백할 수밖에 없을 것입니다. 마태복음 22장에 가 보겠습니다.

> 예수께서 사두개인들로 대답할 수 없게 하셨다 함을 바리새인들

> 이 듣고 모였는데 그 중의 한 율법사가 예수를 시험하여 묻되 선생님 율법 중에서 어느 계명이 크니이까 예수께서 이르시되 네 마음을 다하고 목숨을 다하고 뜻을 다하여 주 너의 하나님을 사랑하라 하셨으니 이것이 크고 첫째 되는 계명이요 (마 22:34-38)

영과 진리로 드리는 예배는 하나님에 대한 사랑이 흘러넘쳐서 드리는 예배인 것입니다. 물론 이것은 온전한 차원의 예배이므로 우리가 늘 그렇게 하지는 못합니다. 그러나 영과 진리로 예배 드려야 한다는 것을 인식하고 있어야 합니다. 이것이 하나님이 우리에게 요구하시는 진정한 예배입니다. 이것을 참된 예배라고 합니다.

예배는 "하나님이 안 계시면 못 살겠습니다", "하나님이 하라고 하시면 지금이라도 목을 매겠습니다"라고 살벌하게 다짐하는 것이 아닙니다. 진정한 예배는 봄볕이 따스함으로 얼음을 녹이듯이 우리 마음속 깊은 곳으로부터 하나님을 향한 사랑을 드러내는 것입니다.

하나님이 우리를 사랑하신 것을 예수님이 어떻게 보이셨는지 다시 한 번 돌아보십시오. 우리가 아직 죄인이었을 때 우리를 위해 십자가에서 수치스러운 죽음을 감당하신 하나님의 사랑과 우리를 향한 그분의 열심을 기억하십시오.

우리는 하나님에 대해 다 알지 못한다는 고백밖에 할 수 없습니다. 거기에서 다시 출발하십시오. "하나님을 사랑합니다. 하나님이 저를 사랑하시는 것을 알게 해 주옵소서. 그 사랑에 정당한 반응을 할 수 있게 하시고 내가 누리고 마땅히 감격해야 할 것들을 알려 주옵소서"라고 구하십시오. 그때 우리는 마음에서 흘러넘치는 감사와 찬송을 하게 될 것입니다. 그것이 성경이 이야기하는 영과 진리로 드리는 참된 예배입니다. 우리 모두가 이 예배를 드릴 수 있는 복을 받았다는 사실을 놓치지 말기 바랍니다.

07

**열심히
찾아오시는
예수님**

31 그 사이에 제자들이 청하여 이르되 랍비여 잡수소서 **32** 이르시되 내게는 너희가 알지 못하는 먹을 양식이 있느니라 **33** 제자들이 서로 말하되 누가 잡수실 것을 갖다 드렸는가 하니 **34** 예수께서 이르시되 나의 양식은 나를 보내신 이의 뜻을 행하며 그의 일을 온전히 이루는 것이니라 **35** 너희는 넉 달이 지나야 추수할 때가 이르겠다 하지 아니하느냐 그러나 나는 너희에게 이르노니 너희 눈을 들어 밭을 보라 희어져 추수하게 되었도다 **36** 거두는 자가 이미 삯도 받고 영생에 이르는 열매를 모으나니 이는 뿌리는 자와 거두는 자가 함께 즐거워하게 하려 함이라 **37** 그런즉 한 사람이 심고 다른 사람이 거둔다 하는 말이 옳도다 **38** 내가 너희로 노력하지 아니한 것을 거두러 보내었노니 다른 사람들은 노력하였고 너희는 그들이 노력한 것에 참여하였느니라 (요 4:31-38)

예수님이 사마리아에 가신 이유

예루살렘을 떠나 갈릴리를 향해 가시던 예수님은 사마리아의 수가에 이르십니다. 거기서 피곤하여 한 우물곁에 앉으셨는데, 때마침 한 여인이 물을 길으러 왔다가 예수님을 만나 대화를 나누게 됩니다.

그러던 사이에 먹을 것을 구하러 마을에 갔던 제자들이 돌아옵니다. 그들이 가져온 음식을 예수님에게 권하자 예수님은 "내게는 너희가 알지 못하는 양식이 있다"라고 말씀하십니다. 무슨 말씀인지 궁금해하는 제자들에게 예수님은 "이 양식은 나를 보내신 이의 뜻을 행하며 그의 일을 온전히 이루는 것이다"라고 설명하십니다. 예수님은 분명히 피곤하셨고 제자들이 보기에도 드실 양식이 필요했습니다. 그런데 예수님은 한 여인을 하나님 앞으로 돌아오게 한 일을 기뻐하셨고 그것을 당신의 양식이라고 하신 것입니다.

예수님은 육신에 힘을 공급해 주는 물 한 모금, 빵 한 조각이 양식이 아니라 죽어 가는 한 영혼을 하나님 앞으로 돌아오게 한 것을 양식이라고 하십니다. 예수님의 말씀은 먹고 마시는 것보다 한 영혼을 거듭나게 하는 것이 더 중요하다는 뜻으로 이해할 수 있습니다. 그런데 여기 담긴 내용은 이렇게 요약할 정도로 가볍지 않습니다. 그 속에 담긴 하나님 마음의 깊이와 무게를 알아야 합니다.

'이것이 나의 양식이다'라는 말은 쉽게 이야기하면 '밥 먹는 것보다 이것이 더 좋다'라는 말입니다. 카드게임에 미쳐 샌드위치를 발명해 낸 백작 이야기를 생각해 봅시다. 그는 밥 먹느라 포커를 중단하는 시간이 아까워 간단하게 때울 수 있는 샌드위치를 만들어 냈습니다. 밥 먹는 것보다 카드게임이 더 좋았던 것입니다. '이것이 나의 밥이다'라는 말은 그런 뜻입니다. 예수님의 말씀은 '나는 양식보다 더 좋은 것이 있다'라는 의미입니다.

예수님은 지금 예루살렘을 떠나 갈릴리로 향하여 가시는 중입니다. 이스라엘 지도를 보면 예루살렘은 지도 중앙에서 더 아래쪽에 있습니다. 예수님이 가시려는 갈릴리는 위쪽에 있는 지역입니다. 사마리아는 이 두 지역 사이에 있어서 예루살렘에서 갈릴리로 갈 때 통과하게 되어 있습니다. 예를 들어 서울에서 신의주를 갈 때 황해도를 지나가는 것과 마찬가지입니다.

먼저 생각해 볼 것은 예수님이 이 여인을 만난 사건이 우연히 일어난 것인가 하는 점입니다. 예수님이 제자들에게 말씀하신, '너희가 알지 못하는 먹을 양식'이란 예수님이 밥보다 더 좋아하시는 것을 가리킨다고 했습니다. 그렇게 좋아하는 일이라면 우연히 일어날 때까지 기다리지 않을 것입니다. 우리는 밥보다 더 좋아하는 일을 우연히 하지 않습니다. 좋아하는 일은 의도하고 계획하여 집념 속에서 성취하는 법입니다.

우리말 성경으로 읽을 때는 예수님이 갈릴리를 향해 가시는 길에 잠시 쉬시는데 그 잠깐 동안에 기회가 오자 전도하신 것처럼 보입니다. 그러나 이렇게 읽으면 성경이 이 사건을 통해 말하고자 하는 메시지를 충분히 발견하지 못하게 됩니다. 이 사건은 우연히 생긴 일이 아니라 예수님이 계획하시고 의도하셔서 일어난 일이기 때문입니다. 예수님이 사마리아에 가신 일이 우연인지, 아니면 어떤 목적이 있는 것인지 추적하기 위해 요한복음 4장 3, 4절을 다시 봅시다.

> 유대를 떠나사 다시 갈릴리로 가실새 사마리아를 통과하여야 하겠는지라 (요 4:3-4)

"사마리아를 통과하여야 하겠는지라"라는 우리말 성경 표현을 읽으면 갈릴리에 가기 위해서는 지리적 조건 때문에 사마리아를 길목으로 삼아야만 했다는 것으로 이해됩니다. 그러나 헬라어를 직역한 영어 성경에 이 구절을 "It was necessary for him to pass through Samaria"라고 번역한 것이 있습니다. 이것을 우리말로 하면 '그분이 사마리아를 통과하는 것은 필요한 일이었다'입니다. 흠정역성경(KJV)에는 "He must needs go through Samaria"라고 되어 있습니다. 이런 번역을 참조하여 4절 말씀을 보면, 갈릴리로 갈 때는 지리상 사마리아를 반드시 통과해야 했다고 읽을 수도 있고, 예수님이 볼일이 있어서 사마리아에 들리신 것으로 읽을 수도 있습니다. 이런 정황을 염두에 두고 예수님이 우물가에 앉으신 사건을 살펴봅시다. 6절입니다.

> 거기 또 야곱의 우물이 있더라 예수께서 길 가시다가 피곤하여 우물 곁에 그대로 앉으시니 때가 여섯 시쯤 되었더라 (요 4:6)

사마리아 땅 수가에 이르렀을 때 예수님은 피곤하여 우물곁에 앉으셨습니다. 별 내용이 아닌 것 같지만 뒤에 나오는 구절과 함께 읽어 보면 깊은 뜻이 함축되어 있음을 알 수 있습니다. 38절을 봅시다.

> 내가 너희로 노력하지 아니한 것을 거두러 보내었노니 다른 사람들은 노력하였고 너희는 그들이 노력한 것에 참여하였느니라 (요 4:38)

'노력'이라는 단어가 나옵니다. '다른 사람들은 노력하였고 너희는 그들이 노력한 것에 참여하였느니라'라는 말은 힘쓰고 애쓴 일이 있었다는 것입니다. 여기서 '노력하였고'라는 말에 해당하는 원어는 6절의 '길 가시다가 피곤하여'에서 '피곤하여'라고 번역된 말과 같은 단어입니다. 이 말이 갖는 원래 의미는 전투를 하여 지치고 피곤한 상태를 가리킵니다. 싸워서 아주 지치고 지친 상태를 이야기할 때 이 단어를 사용합니다.

이 단어의 뜻을 유념하고 6절을 다시 보면, 예수님이 사마리아 여인과 만나신 일은 우연히 생긴 일로 보이지 않습니다. 예수님은 힘쓰고 애써서 그 길을 가신 것입니다. 도대체 무슨 일 때문인지 예수님은 있는 힘을 다해 여기까지 오셨습니다. 그리고 우물가에 앉으시자 한 여인이 물동이를 들고 나타납니다. 예수님이 기진맥진할 정도로 힘들여 일부러 찾아오신 것은 이 여인을 만나기 위해서였습니다. 이것이 예수님이 기를 쓰고 사마리아 땅의 한 우물로 찾아오신 이유입니다. 요한복음 4장은 바로 이런 정황 속에서 이루어진 사건을 전하고 있습니다. 이 사건을 통해 하나님이 한 인간을 찾아와 구원하실 때에 얼마나 열심히 일하시는지 보게 됩니다.

밥보다 좋아하시는 일

예수님이 갈릴리로 가던 중 쉬기 위하여 사마리아 동네에 머무르신 것이 아니라, 이루셔야 했던 일을 위해 애써 사마리아 동네에 가셨다고 보이는 또 다른 증거가 있습니다.

> 예수께서 이르시되 나의 양식은 나를 보내신 이의 뜻을 행하며 그의 일을 온전히 이루는 이것이니라 (요 4:34)

제자들의 눈에는 예수님이 갈릴리를 향해 가시던 중 지쳐서 쉬기 위해 사마리아 동네 우물가에 앉으신 것으로 보였습니다. 그러나 예수님이 사마리아에 머무르신 것은 사탄과 죄의 종으로 살아가는 자를 죄로부터 빼앗아 내기 위하여 구원할 대상을 찾아오신 것이었습니다. 예수님의 피곤하심은 뚫고 들어가야 하는 처절한 전투에 임하는 예수님의 집념을 표현하고 있습니다. 예수님이 몸소 여기까지 와 주셨고 마침내 여인을 만나 주셨습니다. 여인과의 대화에서 본격적인 영적 싸움이 이루어지지만 먼저 기억할 것은 예수님이 싸우러 오시기까지의 길도 굉장한 싸움이었다는 것입니다. 그것은 다만 행로가 길고 여정이 고되기 때문이 아니라 영적 싸움이기 때문에 어려운 것입니다.

영적 싸움이 그렇게 어려운 것은 예수님 자신의 경험에서도 드러납니다. 예수님이 십자가를 지실 때 어려우셨던 것은 비단 육체적인 아픔만이 아니었습니다. 영적 싸움이기 때문에 어려웠던 것입니다. 아버지와 단절되는 것과 죄인으로 취급당하는 것은 예수님에게 참을 수 없는 일이었습니다. 그래서 "나의 하나님, 나의 하나님 어찌하여 나를 버리시나이까!"라고 외치실 수밖에 없었던 것입니다. 그것이 예수님에게 가장 큰 아픔이었습니다. 그래서 "할 수만 있다면 이 잔을 내게서 지나가게 하소서"라고 기도하실 수밖에 없었습니다. 오히려 십자가를 지는 일 자체는 훨씬 쉬웠을지 모릅니다. 겟세마네 동산에서 겪은 외로움에 비하면 골고다에서의 십자가는 차라리 더 쉬웠을지 모른다는 것입니다. 예수님은 이렇게 힘쓰고 애써 한 영혼을 찾아오십니다. 그것은 참으로 어려운 일입니다. 왜 그럴까요? 이 여인은 중립지대에 놓여 있는 존재가 아니라 사탄과 죄의 노예로 갇혀 있었기 때문입니다. 예수님이 거기까지 뚫고 들어와 결박을 풀어야 하셨던 것입니다.

예수님은 바로 여기까지 오셨고 이 일에 대해 34절에서 '이것이 내 양식이다'라고 하신 것입니다. 그런데 요한복음 6장에 보면 예수님은 그 일에 대해 '나를 보내신 이의 뜻을 행하는 것'이라고 하십니다. 예수님이 언급하신 '나를 보내신 이의 뜻'이 무엇인지 살펴봅시다.

> 내가 하늘에서 내려온 것은 내 뜻을 행하려 함이 아니요 나를 보내신 이의 뜻을 행하려 함이니라 나를 보내신 이의 뜻은 내게 주신 자 중에 내가 하나도 잃어버리지 아니하고 마지막 날에 다시 살리는 이것이니라 (요 6:38-39)

'나를 보내신 이의 뜻'은 아버지가 주신 자를 하나도 잃어버리지 않고 마지막 날에 다시 살리는 것입니다. 하나님이 예수님을 보내시면서 누구누구가 내 백성이니 그들을 살리라고 하신 것입니다.

여기서 우리는 계획이나 목표를 세우는 것과 그것을 이루는 것은 다른 문제라는 것을 기억해야 합니다. 계획이나 목표로 세운 것을 이루느냐 못 이루느냐는 실력에 관한 문제일 뿐만 아니라 정성에 관한 문제이기도 합니다.

성경은 하나님이 못하시는 일은 없다고 선언합니다. 그런데 그 능력은 마법의 지팡이처럼 툭 치면 우리가 순간적으로 변하게 되는 식으로 발휘되지 않습니다. 하나님은 우리를 찾아오셔서 극진히 대접해 주시고 설득하셔서 마침내 우리를 항복시키는 방식으로 능력을 발휘하십니다. 이것이 요한복음 4장에서 "이것이 나의 양식이다"라고 하신 말씀에 담긴 깊은 메시지입니다.

예수님은 여러 번 설명해서 우리가 이해하지 못하면 "그냥 입 다물고 따라와" 하시지 않습니다. 기꺼이 항복할 때까지 열 번, 스무 번, 안 되면 백 번까지 하십니다. 학교 선생님도 보통 두 번까지는 잘 설명해 줍니다. 그러다가 한 번만 더 설명해 달라고 하면 못 알아듣는다고 야단칩니다. 그러나 예수님은 그렇게 하시지 않습니다.

아버지께서 우리를 자녀로 삼으셨다고 해서 그 순간 우리에게 변화가 일어나는 것은 아닙니다. 예수님이 우리에게 찾아오시는 것은 우리를 얽매고 있던 권세를 깨뜨리고 들어오셔서 우리를 붙잡고 계속해서 씨름하시는 것입니다. 심지어 저러다 쓰러지시는 것은 아닐까 싶을 정도로 예수님은 정성을 다해 우리와 씨름하십니다.

예수님은 그렇게 오셔서 여인을 만나셨습니다. 예수님이 사마리아 여인에게 물을 달라고 하시자 여인은 놀라서 어찌하여 자기에게 물을 달라고 하시는지 묻습니다. 그러자 예수님은 "내가 누구인 줄 알았더라면 네가 내게 구하였을 것이고 그러면 생수를 주었을 것이다"라고 말씀하십니다. 이렇게 옥신각신 대화가 이어집니다. 그러다 이 대화가 끝나자 어떤 일이 벌어집니까?

> 여자가 물동이를 버려 두고 동네로 들어가서 사람들에게 이르되 내가 행한 모든 일을 내게 말한 사람을 와서 보라 이는 그리스도가 아니냐 하니 (요 4:28-29)

여인이 물동이를 버린 것은 물을 달라고 하시던 예수님이 오히려 여인에게 생수를 주겠다고 말씀하셨기 때문입니다. 처음 이 말을 듣고 여인은 "우물이 깊은데 바가지 하나 안 들고 무슨 재주로 물을 길으시려고요?"라고 의아해합니다. 그러자 예수님은 "우물에서 물을 먹는 자는 다시 목마를 것이나 내가 주는 물을 먹는 자는 영원히 목마르지 아니할 것이다"라고 말씀하십니다. 이에 여인은 "주여, 내게 그 물을 주셔서 다시는 물을 길으러 오지 않게 해 주소서"라고 간청합니다.

끝내 여인은 물동이를 버려두고 항복합니다. 이것은 아주 대단한 일입니다. 예수님이 여인을 붙잡고 애쓰셔서 마침내 여인의 항복을 받아 내셨습니다. 예수님이 이곳까지 오셔서 그 항복을 받아 내신 것입니다. 이것이 예수님의 일입니다. 이런 일을 밥 먹는 것보다 좋다고 하신 것입니다. 예수님은 이 일을 위해 오셨습니다. 그래서 오늘 우리도 이 자리에 있는 것입니다.

인간을 향한 하나님의 열심

본래 사람은 다른 사람의 말을 듣지 않는 존재입니다. 때려도 듣지 않고 죽인다고 해도 듣지 않습니다. 사람은 논쟁으로 항복하지 않습니다. 논쟁에서 이기면 상대에게 증오심만 남기고 지면 자신에게 열등감만 남습니다. 그런데도 우리는 대화하면 다 해결된다고 말합니다. 그러나 그렇게 이루어지는 일은 없습니다.

성경은 하나님을 만나지 않는 한 사람이 변화될 방법은 없다고 합니다. 하나님을 만나지 않고도 그럭저럭 사는 사람들은 체념하고 사는 것입니다. 인간에 대해서도 인생에 대해서도 어찌할 수 없어 그저 감수할 뿐입니다. 그러나 감수한 채 묻어 둘 수밖에 없었던 우리의 문제를 해결하기 위해 열심히 찾아오신 분이 있습니다. 이것을 요한복음 4장의 사건이 상징적으로 보여 주고 있습니다. 우리 인생에 간섭하시는 이가 있다고 선언하는 것입니다. 예수님이 그렇게 우리에게 찾아오셨습니다. 십자가 위에서 피 흘리시며 목숨을 잃기까지 우리를 찾아오셨습니다.

누군가 예수님이 당하신 시험에 대해 이렇게 말했습니다. "사탄이 예수님에게 돌로 떡덩이가 되게 하라고 했을 때 예수님은 왜 떡을 만들지 않으셨을까요? 만드셨더라면 아주 대단했을 텐데요." 만약 예수님이 돌로 떡을 만들었더라면 사람들은 "아! 이분은 돌로도 떡을 만드시는구나" 하고 신기해하면서 그냥 지나갔을 것입니다. 인간은 그런 마술 같은 기적 하나로 항복하는 존재가 아닙니다.

우리도 자신이나 이웃을 향해 이렇게 생각합니다. '이런 때에 하나님이 이렇게 간섭해 주신다면 얼른 돌아설 텐데' 하고 말입니다. 하지만 그래도 인간은 항복하지 않습니다. 오히려 그것을 빙계 삼아 자신의 이익만 추구할 것입니다. 하나님이 무언가를 주시면 '이런 것도 주시네!' 하고 재미있어 하면서 지나갈 것입니다. 인간은 절대 그런 식으로 항복하지 않습니다.

성경이 말하는 것은 이것입니다. 하나님이 우리를 구원하기로 하셨고 그 일을 위해 주께서 친히 이 땅에 발을 딛고 오셨습니다. 그리고 일일이 찾아다니면서 심령을 붙잡아 흔들고 씨름하여 한 영혼, 한 영혼씩 항복시키셨습니다. 예수님이 피 흘리시기까지 우리를 찾아오셨고 간섭하시며 지금도 계속 그렇게 일하시기 때문에 우리가 이 자리에 있을 수 있다고 성경은 이야기합니다. 요한복음 4장 40, 41절에 주님이 하신 일들이 어떤 열매로 결실했는지 나와 있습니다.

> 사마리아인들이 예수께 와서 자기들과 함께 유하시기를 청하니 거기서 이틀을 유하시매 예수의 말씀으로 말미암아 믿는 자가 더욱 많아 (요 4:40-41)

예수님은 이 모든 일을 다 계획하시고 작정하셨던 것 같습니다. 이런 일을 이루시려고 사마리아 땅 수가의 우물까지 지치고 지치도록 걸음을 옮기셔서 여인을 기다리시고 그 여인과 대화하셨습니다. 제자들이 양식을 구하러 떠난 때부터 돌아올 때까지 이 대화가 계속되었던 것을 생각해 봅시다. 예수님은 여인을 항복시키는 데에 상당히 긴 시간을 할애했던 것입니다. 이것은 다만 사마리아 여인에게만 해당하는 이야기가 아닙니다.

종종 우리는 삭개오 같이 또 바울 같이 '내게도 예수님이 친히 나타나셨더라면' 하고 생각합니다. '사마리아 여인에게처럼 내게도 예수님이 직접 오셔서 말씀하신다면 얼마나 좋을까' 하고 생각합니다. 그러나 그 사건들은 그들만의 특별한 일을 이야기하려고 기록된 것이 아닙니다. 이 사건들은 예수 그리스도께서 우리에게 어떻게 간섭하셨는지, 우리가 어떻게 붙잡혔는지 설명하기 위한 사례들입니다.

우리에게도 예수님이 직접 찾아오셨고 예수님이 친히 손으로 붙잡아 흔드셨습니다. 그래서 우리가 여기까지 오게 된 것입니다. 내가 믿고 반응한 것도 잘한 것이지만 그렇게 되기까지 주께서 어떤 결심으로 우리를 찾아오셨는지 알지 못한다면 예수를 믿게 된 일의 감격을 절반 이상 놓치고 있는 것입니다. 우리를 향한 하나님의 선하신 뜻과 그 뜻을 이루시는 주 예수 그리스도의 열심, 우리의 생애에 뛰어들어 오셔서 우리의 심령을 움켜잡고 씨름하시는 예수 그리스도의 손길을 인식하기 바랍니다.

08

예수님을
아는
것

39 여자의 말이 내가 행한 모든 것을 그가 내게 말하였다 증언하므로 그 동네 중에 많은 사마리아인이 예수를 믿는지라 **40** 사마리아인들이 예수께 와서 자기들과 함께 유하시기를 청하니 거기서 이틀을 유하시매 **41** 예수의 말씀으로 말미암아 믿는 자가 더욱 많아 **42** 그 여자에게 말하되 이제 우리가 믿는 것은 네 말로 인함이 아니니 이는 우리가 친히 듣고 그가 참으로 세상의 구주신 줄 앎이라 하였더라 (요 4:39-42)

기적이 없어도

본문에는 예수님이 사마리아의 수가에 가서서 행하신 일의 결말이 나옵니다. 예수님을 만난 여인이 동네 사람들에게 "내가 우물가에서 어떤 분을 만났다. 그분은 나를 처음 보았는데도 내가 누구이며 무엇을 했는지 다 알더라"라고 말합니다. 사람들이 그 말을 듣고 예수님에게 가서 자기들과 함께 있어 달라고 청합니다. 그래서 예수님은 그곳에 이틀을 머무십니다. 이틀 동안 예수님과 지낸 사람들은 여인에게 말합니다. "우리가 믿게 된 것은 당신의 말 때문만은 아니다. 우리가 그 말씀을 직접 들어 보고 이분이 참으로 세상의 구주이심을 알았기 때문이다."

여인이 사람들에게 예수님을 소개하는 방식을 다시 눈여겨봅시다. 39절에는 '내가 행한 모든 것을 그가 내게 말하였다'라고 나와 있습니다. 이 구절을 보면 여인의 말은 생전 처음 보는 사람이 자신이 누구이며 어떻게 살아왔는지 다 알고 있다는 것에 초점이 있는 것처럼 보입니다. 그러나 앞의 29절에는 여인이 '내가 행한 모든 일을 내게 말한 사람을 와서 보라 이는 그리스도가 아니냐'라고 말했다고 나와 있습니다. 여인의 고백을 보면, 여인은 예수님이 자신에 대한 모든 것을 알아보았기 때문이 아니라 그분이 누구신지 발견했기 때문에 놀라 물동이까지 버려두고 동네로 뛰어간 것입니다. 단순히 기적을 접했기 때문만은 아닌 것입니다.

세상에는 여러 기적이 있습니다. 다른 종교들도 기적을 말합니다. 때로는 하나님도 사람을 부르기 위한 방법으로 기적을 사용하십니다. 그러나 기적이 신앙의 근거는 아닙니다. 기적에만 초점을 둔다면 기독교와 다른 종교의 차이를 구별할 수 없게 됩니다. 여인이 예수님의 놀라운 능력에만 머물지 않고 예수님이 누구신지 아는 데까지 나아갔다는 점을 기억하십시오.

이런 점에서 볼 때 요한복음 4장은 아주 중요한 사건을 다루고 있습니다. 그 의미를 음미하기 위해서는 이 사건이 왜 여기에 기록되어 있는지 알아야 합니다. 예수님이 누구신지를 알아본 사건이 왜 요한복음 4장에 가서야 나올까요?

요한복음은 예수님의 생애를 순서대로 기록하고 있지 않습니다. 복음서를 기록한 사도 요한 나름의 의도와 계획이 있기 때문입니다. 요한복음 1장부터 4장에 이르기까지 각 장에서 중요하게 다루는 것이 무엇인지 정리해 봅시다. 1장에서는 세상에 온 빛을 증언하기 위해 세례 요한이 등장합니다. 2장에서는 예수님이 가나 혼인 잔치에서 기적을 행하시고 성전을 정결하게 하신 사건이, 3장에서는 예수님이 가장 이스라엘 사람다운 니고데모를 만나신 사건이 나옵니다. 그리고 4장에 이르러 비로소 사람들이 예수님을 그리스도인 줄 알고 믿었다는 기록이 나옵니다.

기적을 보아서 생긴 믿음

'믿었다'는 기록은 요한복음 2장에도 나오기는 합니다. 그런데 이 믿음이 요한복음 4장에 나온 믿음과 같은 것일까요?

> 유월절에 예수께서 예루살렘에 계시니 많은 사람이 그의 행하시는 표적을 보고 그의 이름을 믿었으나 예수는 그의 몸을 그들에게 의탁하지 아니하셨으니 이는 친히 모든 사람을 아심이요 또 사람에 대하여 누구의 증언도 받으실 필요가 없었으니 이는 그가 친히 사람의 속에 있는 것을 아셨음이니라 (요 2:23-25)

예루살렘에서 많은 사람이 기적을 보고 예수님을 믿었습니다. 그런데 24절에 보면 예수님은 그들에게 의탁하지 않으셨다고 합니다. 왜 그러셨을까요? 이들의 믿음은 4장에 나오는 사마리아 사람들의 믿음과 달랐기 때문입니다. 이들이 예수를 믿은 것은 예수님이 그리스도이시며 세상의 구세주이신 줄을 알아서가 아니라 오로지 예수님이 행하신 기적 때문이었습니다. 이런 모습은 요한복음 4장 45절에도 나옵니다.

> 갈릴리에 이르시매 갈릴리인들이 그를 영접하니 이는 자기들도

> 명절에 갔다가 예수께서 명절중 예루살렘에서 하신 모든 일을
> 보았음이더라 (요 4:45)

갈릴리 사람들이 예수님을 영접한 것은 예수님이 예루살렘에서 행하신 기적을 보았기 때문입니다. 여기에 예수님을 구주로 영접하는 데 이르는 믿음, 곧 구원과 결부되는 믿음은 없습니다.

사도 요한은 예수 그리스도의 하나님 되심과 그분이 우리의 구주요 우리를 구원에 이르게 하는 유일한 길이라는 엄청난 사실을 전하며 이에 비해 우리는 그분을 알고 영접하고 사랑하는 일에 얼마나 부족한지를 지적하고 있습니다. 이것이 요한복음 1장부터 4장에 이르도록 강조되는 내용입니다.

요한복음 1장은 예수님이 하나님으로 오셨지만 세례 요한에 의해 증언되어야 했다는 점을 강조합니다. 하나님이신 예수님이 종이며 피조물에 불과한 세례 요한에 의해 소개되어야 했던 것입니다. 빛이 세상에 왔으되 사람들이 빛을 알아보지 못해서 증언할 자가 필요했습니다. 이 대목만 보아도 우리 인간이 하나님과 진리와 생명에 대해 얼마나 무지한지를 확인할 수 있습니다.

2장에는 예수님이 가나 혼인 잔치에서 물로 포도주를 만드신 일이 나옵니다. 그런데 이 기적은 물을 떠 온 하인들만 압니다. '연회장은 물로 된 포도주를 맛보고도 어디서 났는지 알지 못하되 물 떠온 하인들은 알더라'(요 2:9). 연회장은 잔치를 주관하는 책임자인데도 포도주가 어디서 온 것인지 모릅니다. 맛을 보면서도 그 포도주에 관해 알지 못합니다. 아는 사람은 하인들뿐입니다. 사도 요한이 왜 이런 부분에 초점을 맞추었는지 생각해 보아야 합니다.

3장에서는 가장 이스라엘 사람답다고 할 수 있는 최고 지식인 니고데모가 예수님을 찾아옵니다. 그런 대단한 사람이 예수님을 찾아왔으나 예수님은 "너는 다시 태어나는 것밖에 방법이 없다"라고 하십니다. 마치 차에 작은 흠이 보여서 차를 고치려고 공장에 갔더니 "새 차를 사야 합니다"라는 말을 듣는 것과 같습니다. 이런 말은 차가 완전히 망가져서 손을 댈 수 없을 때나 듣는 것입니다. 갈릴리의 목수였던 예수님이 높은 신분의 니고데모에게 그렇게 말씀하셨습니다. 이런 맥락이 이어져 4장에 이르게 됩니다. 이런 흐름을 생각할 때 요한복음 4장의 내용은 의미심장합니다. 먼저 3장의 결론 부분을 봅시다.

> 위로부터 오시는 이는 만물 위에 계시고 땅에서 난 이는 땅에 속하여 땅에 속한 것을 말하느니라 하늘로부터 오시는 이는 만물 위에 계시나니 그가 친히 보고 들은 것을 증언하되 그의 증언을 받는 자가 없도다 그의 증언을 받는 자는 하나님이 참되시다는 것을 인쳤느니라 하나님이 보내신 이는 하나님의 말씀을 하나니 이는 하나님이 성령을 한량 없이 주심이니라 아버지께서 아들을 사랑하사 만물을 다 그의 손에 주셨으니 아들을 믿는 자에게는 영생이 있고 아들에게 순종하지 아니하는 자는 영생을 보지 못하고 도리어 하나님의 진노가 그 위에 머물러 있느니라
>
> (요 3:31-36)

요한복음 3장까지의 내용은 예수님이 사마리아 동네에 오시기 전 사람들의 상태를 기록하고 있습니다. 인간에게는 더 이상 가능성

이 없고 절망뿐이라는 사실을 보여 주고 있습니다. 방금 본 요한복음 3장 31절부터 36절까지는 1장부터 3장까지의 이야기들을 흩어지지 않게 모아서 못으로 박아 둔 것 같은 구절입니다. 예수님이 세상에 오셔서 복음을 선포하시고 긍휼과 자비로 기적을 베푸셨음에도, 인간은 자기 이해관계에 따라 그분에게서 어떤 능력을 얻어 내려고만 할 뿐입니다. 사람들은 예수님을 거들떠보지도 않았고 시기와 질투로 예수님을 흠잡으려 했습니다.

예수님은 유대인으로 태어났고 유대인에게 먼저 다가가셨습니다. 유대인들에게 많은 기적과 예언의 성취를 보이셨지만 그들은 예수님을 영접하지 않았습니다. 이런 정황 속에서 예수님은 사마리아로 가십니다.

기적이 아닌 말씀으로 다가오는 신앙

이스라엘 백성은 사마리아 사람들을 이방인보다 더 혐오했습니다. 사마리아인은 유대인과 이방인 사이에 태어난 혼혈인입니다. 그래서 유대인들은 사마리아인들에게 민족을 배반한 자들이라고 손가락질하며 그들을 이방인보다 더 경멸하고 괄시했습니다. 그런데 예수님은 그런 사마리아인에게 오셔서 복음의 결실을 맺으십니다. 사마리아 여인을 만난 이 사건을 잘 이해해야 예수님의 사역을 제대로 이해할 수 있습니다.

먼저 짚고 넘어갈 점은 예수님이 사마리아에 오셔서 행하신 사역에는 기적이 없었다는 것입니다. 4장에 이르기 전에는 여러 기적이 기록되어 있습니다. 그렇게 여러 기적이 있었지만 사람들은 예수님을 알아보지 못했습니다. 이런 사실은 기적을 앞세운다고 예수님의 일이 쉽게 성취되는 것은 아니라는 것을 보여 줍니다. 그렇다면 기독교에서 기적이라는 것은 어떤 가치를 갖는지 생각해 보아야 합니다.

물론 기적도 기독교 신앙에 기여하는 측면이 있을 것입니다. 우리를 사랑하시는 하나님은 전능하신 분입니다. 그러니 기독교에 기적이 없다고 여기는 것은 하나님을 무시하는 것입니다. 기적은 분명 있습니다. 그런데 성경이 말하는 기적은 일차적으로 영적 유익을 위한 것이지 물질적 복을 위한 것이 아니라는 점을 기억해야 합니다.

특히 사마리아에서 예수님이 행하신 사역에는 기적이 도입되지 않았습니다. 오직 말씀만 있습니다. 말씀만으로 사람들을 만나셨다는 것은 예수님이 우리에게 무엇을 주시는 분으로 등장한 것이 아니라 예수님 자신이 핵심으로 등장하고 있음을 보여 줍니다. 본문 41, 42절에 이 점이 잘 나타나 있습니다. "예수의 말씀으로 말미암아 믿는 자가 더욱 많아 그 여자에게 말하되 이제 우리가 믿는 것은 네 말로 인함이 아니니 이는 우리가 친히 듣고 그가 참으로 세상의 구주신 줄 앎이라 하였더라"(요 4:41-42). 예수님을 알게 되고 그분에게로 나아갈 수 있는 것은 예수님의 말씀 때문이라는 것입니다. 구원은 이런 것입니다.

천국보다 큰 구원

구원이란 예수님이 누구신지를 얼마나 알고 있느냐의 싸움입니다. 구원이란 십자가를 믿는 것도 아닙니다. 구원이란 언제나 예수 그리스도와의 문제입니다. 말씀이 항상 강조되는 것도 그런 이유 때문입니다.

하나님은 천지를 말씀으로 창조하셨습니다. 요한복음 1장 1절도 '태초에 말씀이 계시니라'라고 시작합니다. 이렇게 태초부터 말씀이 계셨다는 점이 강조되는 이유는 무엇일까요? 하나님이 무슨 일을 하시기 위해서는 꼭 말이 필요하지 않으셨을 것입니다. 말은 교제나 대화를 위해 필요한 것입니다. 그런데 처음부터 말씀이 강조되고 있는 것을 보면 하나님이 하시려는 일은 교제나 대화와 관련 있는 것으로 보입니다. 구원도 이런 맥락에서 이해되어야 합니다.

여기서 우리는 '구원이란 죄 사함을 얻고 천국에 가는 것이다'라는 말을 다시 생각해 볼 필요가 있습니다. 이 말은 주일학교에서 흔히 듣는 단순한 표현입니다. 틀린 말은 아니지만 구원을 설명하기에는 부족한 표현입니다. 구원을 받으면 천국에 간다는 말은 맞습니다. 천국은 우리가 상상할 수 있는 어떤 곳보다 좋은 곳일 것입니다. 그러나 구원이 천국만으로 설명되어서는 안 됩니다. 천국이 아무리 좋은 곳이어도 하나님이 계시지 않다면 그곳은 더 이상 천국이 아닙니다. 그러니 구원은 하나님으로만 설명될 수 있습니다. 구원의 또 다른 말인 '영생'에 대해서는 성경이 어떻게 설명하는지 확인해 봅시다.

> 영생은 곧 유일하신 참 하나님과 그가 보내신 자 예수 그리스도를 아는 것이니이다 (요 17:3)

예수 그리스도를 아는 것이 영생이라고 합니다. '영생'이라는 말을 언뜻 들으면 '영원토록 사는 것'이라는 생각이 듭니다. 그러나 성경의 강조점은 여기에 있지 않습니다. 성경은 예수 그리스도와 같이 사는 것을 영생이라고 합니다.

'유일하신 참 하나님과 그의 보내신 자 예수 그리스도를 아는 것'에서 '아는 것'이라는 말에는 설명이 필요합니다. 여기서 말하는 '아는 것'은 부부가 서로 알 듯 아는 것을 말합니다. 남편이 어떤지 아내가 어떤지 부부는 서로 잘 압니다. 식성이나 성격도 잘 알고 눈빛만 보아도 기분이 어떤지 알 수 있을 정도입니다. 성경이 말하는 앎이란 이런 것이고, 따라서 영생이란 단순히 예수를 아는 지식이 아니라 예수를 누리는 것입니다.

성경이 우리를 구원에 초대하면서 약속하는 가장 큰 복은 무엇일까요? 예수님과 떨어질 수 없는 사이가 되는 것입니다. 예수님이 우리를 그런 자리로 부르십니다. 성경 곳곳에 예수 그리스도는 교회의 머리요, 우리는 그의 몸이라고 나와 있습니다. 머리와 몸은 분리될 수 없습니다.

하나님은 우리가 단지 죄짓지 않고 벌받지 않도록 하시기 위해 우리를 부르신 것이 아닙니다. 그것은 밖에서 굶주리고 헐벗은 걸인을 안전한 곳에 데려다 놓는 정도에 지나지 않습니다. 그런데도 우리는 구원을 겨우 그 정도로만 생각하고서 만족해합니다. 그러나 기독교는 우리가 바라는 것보다 하나님이 우리에게 약속하시고 준비하신 것이 훨씬 크고 많으며, 그래서 우리가 상상하고 욕심낸 정도로는 좇아갈 수도 없다고 가르칩니다.

하루는 제가 아내와 서울역 앞을 지나가며 대화를 나누는데 아내가 갑자기 건너편에 있는 큰 빌딩을 가리키며 "저 빌딩 엄청 비싸겠지요?" 하고 물었습니다. 그래서 제가 대답했습니다. "그럼, 2천 원은 넘겠지." 얼마나 확실한 대답입니까? 분명히 2천 원보다는 비쌀 것입니다. 그러나 이 답이 충분한 답이었을까요?

우리가 예수님을 믿는 것도 이렇게 엉성합니다. 다른 것은 많이 알면서 예수님에 대해서는 너무 모릅니다. 목사는 무엇을 해야 하고 교회는 어떠해야 한다는 등 다른 것들은 잘 아는데 그 속에 예수님은 잘 안 계십니다. 마치 촬영장에서 배우들끼리는 서로를 잘 알아 대화를 나누지만 막상 대본에 대해서는 전혀 몰라 영화 촬영을 못하는 상황과 같습니다.

그리스도를 잘 아는 것

요한복음 4장으로 돌아가 봅시다. 여기서 가장 강조되는 것은 예수님에 대한 설명입니다. 구원의 근거는 하나님의 아들이신 예수 그리스도이며, 신앙은 그분과 우리의 관계에 관한 문제입니다. 이것이 사마리아 여인의 이야기를 통해 우리에게 강조되는 내용입니다.

우리는 신앙을 어떤 식으로 정리하고 있으며 신앙의 중요한 근거를 어디에 두고 있습니까? 예수님과의 교제는 얼마나 친밀하게 이루어지고 있습니까? 우리는 친구에게 일어나는 일로 우리가 얼마나 영향을 받는지 가늠해 봄으로써 그 친구를 좋아하는지 싫어하는지 확인할 수 있습니다. 친구가 아프다고 하면 나도 정말 아픈지, 친구에게 좋은 일이 생기면 나도 정말 좋은지 확인해 보면 압니다. 겉으로 보기에 아무리 좋아하는 것 같아도 정작 그 친구에게 무슨 일이 일어났을 때 아무렇지 않다면 별로 친한 사이가 아닐 것입니다.

예수님을 믿는 것은 그런 것입니다. 예수님의 안타까움이 나의 안타까움이 되고 예수님의 간절함이 나의 간절함이 되어야 합니다. "전도를 합시다", "예수님의 일을 합시다" 하고 외치는 것과는 다릅니다. 기독교는 윤리와 당위의 싸움을 하는 데 목적이 있지 않습니다. 기독교인이니까 사랑하자, 인내하자, 봉사하자, 라는 것이 아니라는 말입니다.

중국 사람들이 《삼국지》에서 가장 존경하는 인물은 관우입니다. 《삼국지》의 주인공은 유비인데, 유비보다 관우를 더 좋아합니다. 바로 의리 때문입니다. 조조는 포로로 잡은 관우를 후하게 대접합니다. 관우는 유비의 행방을 알면 언제든 돌아가게 해 주겠다는 약조를 맺고서야 조조 휘하에 머뭅니다. 그는 그의 환심을 사기 위해 조조가 베푼 온갖 음식과 선물들을 뿌리치고 끝내 유비에게로 돌아갑니다. 중국 사람들은 관우의 이 의리를 최고로 여기는 것입니다.

예수님을 믿는 데에도 의리가 요구됩니다. 예수 그리스도의 이름 때문에 환난을 당하는 것과 박해받을 것이 요구되기 때문입니다. 그럴 수 있으려면 그분이 내 인생을 맡겨도 좋을 분이라는 것을 알아야 할 것입니다. 기독교에서 가장 중요한 것은 예수 그리스도입니다. 그분과 나의 친분이 얼마나 두터운지 확인해 보아야 합니다. 뜻밖에도 우리는 그 문제와 너무나 동떨어져 있습니다. 그것이 요한복음 4장이 우리에게 지적하는 말씀이라는 것을 명심하십시오.

신자에게 가장 시급한 문제는 예수님을 아는 것입니다. 예수님과 좀 더 깊이 사귀십시오. 예수님을 좀 더 잘 아십시오. 그분의 안타까움이 우리의 안타까움이 되고 그분의 기쁨이 우리의 기쁨이 되는 자리에 있게 해 달라고 간절히 기도하십시오. "하나님, 제가 믿어드릴 테니 이것 좀 해 주십시오" 하는 식으로 나의 이익 때문에 믿는 사람이 되지 말고 예수님을 알고 예수님과 사귀는 신자가 되십시오. 이것을 명심하고 그리스도를 깊이 아는 영생의 복을 누리기 바랍니다.

09

**목적이
아닌
수단**

46 예수께서 다시 갈릴리 가나에 이르시니 전에 물로 포도주를 만드신 곳이라 왕의 신하가 있어 그의 아들이 가버나움에서 병들었더니 47 그가 예수께서 유대로부터 갈릴리로 오셨다는 것을 듣고 가서 청하되 내려오셔서 내 아들의 병을 고쳐 주소서 하니 그가 거의 죽게 되었음이라 48 예수께서 이르시되 너희는 표적과 기사를 보지 못하면 도무지 믿지 아니하리라 49 신하가 이르되 주여 내 아이가 죽기 전에 내려오소서 50 예수께서 이르시되 가라 네 아들이 살아 있다 하시니 그 사람이 예수께서 하신 말씀을 믿고 가더니 51 내려가는 길에서 그 종들이 오다가 만나서 아이가 살아 있다 하거늘 52 그 낫기 시작한 때를 물은즉 어제 일곱 시에 열기가 떨어졌나이다 하는지라 53 그의 아버지가 예수께서 네 아들이 살아 있다 말씀하신 그 때인 줄 알고 자기와 그 온 집안이 다 믿으니라 (요 4:46–53)

기적의 한계

복음서에는 예수님이 기적을 베푸신 사건이 많이 나옵니다. 병자를 고치시고 귀신을 내쫓으시고 죽은 자를 살리시는 등 많은 기적이 기록되어 있습니다. 그런데 예수님이 여러 기적을 행하신 데에는 목적이 있습니다. 본문을 통해 그 목적에 대해 생각해 봅시다.

 예수님이 앉은뱅이를 일으키시고 병자를 고치시고 죽은 자를 살리시고 귀신을 내쫓으실 때 사람들은 오랫동안 겪어 온 고통과 슬픔에서 벗어나게 되었을 것입니다. 그들의 삶을 괴롭히던 어려움이 예수님을 만나 사라졌습니다. 예수님이 사람들의 문제를 해결해 주신 것입니다. 그런데 예수님이 어려움을 해결해 주시면 사람에게 더 이상 어떤 고통도 슬픔도 없을까요? 그렇지는 않습니다. 인간에게 고통과 슬픔과 아픔이 없는 날은 마지막에 이르러서야 옵니다. 요한계시록이 보여 주듯 새 예루살렘이 나와야 우리 모두가 새롭게 부활하여 하나님과 더불어 살게 되는 날이 펼쳐집니다.

> 모든 눈물을 그 눈에서 닦아 주시니 다시는 사망이 없고 애통하는 것이나 곡하는 것이나 아픈 것이 다시 있지 아니하리니 처음 것들이 다 지나갔음이러라 (계 21:4)

마지막에 가서야 비로소 그렇게 되는 것입니다. 그러니 그 전에는 인간에게 고통이나 슬픔이나 사망이 일어날 수밖에 없다고 말하는 셈입니다. 아직 우리는 부활한 몸이 아니고 완성된 하나님 나라에 가 있지 않습니다. 지금은 죄악으로 가득하고 사망이 왕 노릇하는 곳에 살고 있습니다. 여기서 신자는 능력과 여유를 손에 쥐고 누리며 살지 못합니다.

아무리 신앙이 좋은 사람도 테니스 경기에 나가서 시합하면 지기 일쑤입니다. 신앙이 좋다고 쉽게 이기는 법은 없습니다. 아무리 기도하고 경기에 나가도 실력이 없으면 집니다. 이렇게 하나님이 주시는 복과 우리가 바라는 기적은 다릅니다. 신자는 복을 누리지만 여전히 사망이 왕 노릇 하는 곳에 살고 있습니다.

과정에 불과한 기적

본문에는 예수님이 병을 고쳐 주신 사건이 나옵니다. 이 사건에서 예수님은 환자를 직접 보지도 않고 병을 고치셨습니다. 예수님이 하신 것은 몇 마디 말뿐이었습니다. 이 사건의 강조점이 어디에 있는지 생각해 봅시다.

예수님은 갈릴리 가나에 이르셨습니다. 예수님이 예루살렘에서 행하신 많은 기적 때문에 갈릴리 지방에는 예수님에 대한 소문이 퍼져 있었습니다. 소문을 들은 왕의 신하도 자기 아들이 심하게 아프자, 예수님을 만나기 위해 가나까지 달려왔습니다. 그는 가버나움에 살았는데, 가버나움은 가나에서 40km 정도 떨어진 곳이었습니다. 그가 예수님을 찾아와 "내 아들이 거의 죽어 갑니다. 오셔서 고쳐 주십시오"라고 간청합니다. 그러자 예수님은 "가라. 네 아들이 살아 있다"라는 말씀만 하십니다. 신하는 그 말씀을 듣고 집으로 돌아가게 됩니다. 그런데 돌아가던 중 집에서 온 종들을 만나 아들이 나았다는 이야기를 듣습니다. 아들이 나은 시간을 물어보니 예수님이 "가라. 네 아들이 살아 있다"라고 말씀하신 바로 그때였습니다.

이 사건을 보면 병 고치는 과정에 대한 자세한 이야기는 없습니다. 예수님은 먼 곳에 있는 환자를 보시지도 않고 더구나 무슨 병인지 물으시지도 않았습니다. 본문이 분명히 밝히는 것은 이 사건의 결론뿐입니다. '자기와 그 온 집안이 다 믿으니라'(요 4:53). 병이 나았다는 것이 결론이 아닙니다. 병 고침은 그다음으로 나아가기 위한 과정이었습니다. 이 사건을 기록한 목적은 예수님을 찾아왔던 왕의 신하와 그의 집이 예수님을 믿게 되었다는 것을 보여 주는 데 있습니다. 다시 본문을 살펴봅시다.

그가 예수께서 유대로부터 갈릴리로 오셨다는 것을 듣고 가서

> 청하되 내려오셔서 내 아들의 병을 고쳐 주소서 하니 그가 거의 죽게 되었음이라 예수께서 이르시되 너희는 표적과 기사를 보지 못하면 도무지 믿지 아니하리라 (요 4:47-48)

47절을 보면 아들의 병을 고쳐 달라고 간청하는 신하에게 상당한 믿음이 있어 보입니다. 그런데 예수님의 대답은 "너희에게는 도무지 믿음이라는 게 없구나"입니다. 이 대답은 무슨 뜻일까요? 신하가 예수님이 원하시는 믿음을 가지고 찾아온 것은 아니라는 것입니다. 그가 예수님을 찾아온 것은 오직 자기 필요를 채우려는 절실함 때문이었다는 것을 알 수 있습니다. 이 사건에서 주목해야 할 부분입니다.

신하는 단지 자신의 상황이 절박하기 때문에 예수님을 찾아왔습니다. 믿음이 없다는 예수님의 답을 듣고도 계속 "주여, 내 아이가 죽기 전에 내려와 주십시오"라고 간청합니다. 그는 예수님이 병 고치는 의사면 충분하다고 생각한 것입니다. 아들의 병만 낫는다면 다른 것은 중요하지 않다고 생각합니다. 그에게 예수님은 의사 정도에 불과한 것입니다. 성경 다른 곳에도 이와 비슷한 기록이 있습니다. 대표적인 것이 나사로 사건입니다.

> 예수께서 와서 보시니 나사로가 무덤에 있은 지 이미 나흘이라 베다니는 예루살렘에서 가깝기가 한 오 리쯤 되매 많은 유대인이 마르다와 마리아에게 그 오라비의 일로 위문하러 왔더니 마르다는 예수께서 오신다는 말을 듣고 곧 나가 맞이하되 마리아는 집에 앉았더라 마르다가 예수께 여짜오되 주께서 여기 계셨

더라면 내 오라버니가 죽지 아니하였겠나이다 (요 11:17-21)

마르다는 "주께서 여기 계셨더라면 내 오라버니가 죽지 않았을 것입니다"라며 안타까워합니다. 예수님을 병 고치는 분으로만 생각하고 있습니다. 사람들이 예수님의 권능에 대해 잘 아는 것 같지만 실은 부분적으로만 알 뿐이라는 사실이 여기서도 드러납니다. 그저 병만 고쳐 주셔도 충분하다고 생각하여 그만큼의 대접만 하는 것입니다. 그런데 예수님은 이런 형편없는 믿음의 요청, 아니 믿음이라고 부르기도 어려운 마음에서 나오는 요청들에 대해서도 응해 주시고 있습니다.

> 예수께서 이르시되 돌을 옮겨 놓으라 하시니 그 죽은 자의 누이 마르다가 이르되 주여 죽은 지가 나흘이 되었으매 벌써 냄새가 나나이다 예수께서 이르시되 내 말이 네가 믿으면 하나님의 영광을 보리라 하지 아니하였느냐 하시니 돌을 옮겨 놓으니 예수께서 눈을 들어 우러러 보시고 이르시되 아버지여 내 말을 들으신 것을 감사하나이다 항상 내 말을 들으시는 줄을 내가 알았나이다 그러나 이 말씀 하옵는 것은 둘러선 무리를 위함이니 곧 아버지께서 나를 보내신 것을 그들로 믿게 하려 함이니이다
>
> (요 11:39-42)

예수님의 말씀을 보면 이 기적의 목적이 나사로를 살리는 데 그치는 것이 아님을 알 수 있습니다. 예수님은 아버지 하나님이 그 아들을 보내셨다는 것을 모인 사람들로 알게 하시려는 데 이 일의

목적이 있다고 말씀하십니다. 이것을 위하여 나사로를 살리신 것입니다. 예수님은 사람들이 이해할 수 있도록 그들의 눈높이에 맞추어 낮은 차원의 방법을 사용하시고 있습니다. 이렇게 해서라도 한 영혼, 한 가정을 구원에 이르게 하려고 하십니다. 죽은 자를 살려 내는 것은 여기까지 이르게 하기 위한 과정일 뿐입니다.

  본문 말씀은 이런 예수님의 목적을 더욱 분명히 보여 주고 있습니다. 이 사건은 여느 병 고침의 사건들과 다르게 진행됩니다. 다른 사건들을 보면 예수님이 직접 맹인의 눈에 진흙을 바르시고 못에 가서 씻게 하여 고쳐 주시거나, 귀 먹고 말 더듬는 사람의 귀에 손가락을 넣고 침을 뱉어 그의 혀에 손을 대셔서 고쳐 주십니다. 그런데 여기서는 환자에게 찾아가시거나 환자를 만져 주시는 등 어떤 행동도 하시지 않습니다. 그저 '아들이 살아 있으니 가라'고만 명하십니다. 그리고 사건 마지막에 극적 전환이 기록되어 있을 뿐입니다. 신하의 아들이 병 고침을 받게 되었을 뿐 아니라 그와 온 가족이 예수 그리스도가 누구신지 깨닫게 되었습니다. 여기에 이 사건의 핵심이 있습니다.

표적을 보이신 이유

복음서에는 예수님이 병을 고치시는 일들에 대해 사람들이 오해하는 것을 막기 위해 경계하시는 장면들이 종종 나옵니다. 마가복음 1장을 봅시다.

> 한 나병환자가 예수께 와서 꿇어 엎드려 간구하여 이르되 원하시면 저를 깨끗하게 하실 수 있나이다 예수께서 불쌍히 여기사 손을 내밀어 그에게 대시며 이르시되 내가 원하노니 깨끗함을 받으라 하시니 곧 나병이 그 사람에게서 떠나가고 깨끗하여진지라 곧 보내시며 엄히 경고하사 이르시되 삼가 아무에게 아무 말도 하지 말고 가서 네 몸을 제사장에게 보이고 네가 깨끗하게 되었으니 모세가 명한 것을 드려 그들에게 입증하라 하셨더라
>
> (막 1:40-44)

예수님은 나병 환자를 낫게 하시고 그에게 명하십니다. "아무에게도 말하지 말고 제사장에게 가서 몸이 깨끗해진 것을 확인받으라." 기적의 온전함은 확인하게 하시면서도 소문내는 것은 금하십니다. 예수님은 사람들이 병 나은 결과에만 관심을 가진다는 것을 아셨기 때문입니다. 사람들은 병만 나으면 그만일 뿐 예수님이 누구시기에 병을 낫게 해 주시는지에 대해서는 생각하지 않습니다. 요한복음 6장을 봅시다. 우리가 잘 아는 오병이어의 기적이 일어난 후의 일입니다.

> 이튿날 바다 건너편에 서 있던 무리가 배 한 척 외에 다른 배가 거기 없는 것과 또 어제 예수께서 제자들과 함께 그 배에 오르지 아니하시고 제자들만 가는 것을 보았더니 (그러나 디베랴에서 배들이 주께서 축사하신 후 여럿이 떡 먹던 그 곳에 가까이 왔더라) 무리가 거기에 예수도 안 계시고 제자들도 없음을 보고 곧 배들을 타고 예수를 찾으러 가버나움으로 가서 바다 건너편에서

> 만나 랍비여 언제 여기 오셨나이까 하니 예수께서 대답하여 이르시되 내가 진실로 진실로 너희에게 이르노니 너희가 나를 찾는 것은 표적을 본 까닭이 아니요 떡을 먹고 배부른 까닭이로다
> (요 6:22-26)

오병이어의 기적이 일어난 후 하룻밤이 지나고 나니 예수님과 그의 제자들이 사라져 버렸습니다. 사람들은 전날 해변에 배가 한 척뿐이었다는 것과 예수님은 그 배에 오르지 않으셨고 제자들만 간 것을 기억했습니다. 그래서 무리들은 디베랴에서 온 배를 나눠 타고 예수님을 찾아 나섭니다. 그리고 바다 건너편에 이르러서야 드디어 예수님을 만날 수 있었습니다. 그런데 예수님은 그렇게까지 찾아온 사람들을 꾸짖으셨습니다. "너희가 나를 찾는 것은 표적을 본 까닭이 아니요 떡을 먹고 배부른 까닭이로다." 예수님은 사람들이 자신을 왜 찾는지 아셨습니다. 사람들은 예수님이 누구신지에 대해서는 관심이 없고, 그분을 따라가면 병이 낫거나 먹을 것이 생긴다는 것에만 관심을 둘 뿐이었습니다.

여기서 예수님은 왜 '표적'이라는 말을 하셨을까요? 표적의 궁극적 목표는 예수 그리스도가 누구신지 알리는 데 있습니다. 요한복음 11장의 나사로 사건에서도 예수님이 "아버지여, 내 말을 들으신 것을 감사하나이다"라고 말씀하셨습니다. 이렇게 감사할 수 있었던 것은 나사로를 살리신 표적을 통해 하나님이 예수 그리스도를 보내셨다는 사실을 사람들로 믿게 할 수 있었기 때문입니다.

예수님이 표적을 보이신 이유를 제대로 이해한다면 우리는 우리에게 일어나는 고난에 대해 새로운 시각을 가질 수 있습니다.

우리에게 슬픈 일과 안타까운 일이 있다면 그것은 모두 영적으로 선한 결론에 도달하게 하려고 하나님이 열어 두신 문인 것입니다. 이런 일들이 없다면 우리는 절대 하나님 앞으로 달려가지 않을 것입니다. 우리에게 일어나는 문제가 내 힘으로 해결되는 것들뿐이라면 우리는 하나님을 찾지 않을 것입니다. 그래서 하나님은 우리에게 문젯거리를 주시는 것입니다.

아픔을 아는 복

구약에 나오는 가장 저주스러운 병은 나병입니다. 이 병의 특징은 통증을 느끼지 못하는 것입니다. 상처가 나도 아프지 않습니다. 우리가 난롯불에 손을 대지 않는 이유는 손을 대면 뜨겁고 아프기 때문입니다. 그러니 아픔을 아는 것만큼 인간에게 큰 복은 없습니다. 아픔을 느끼지 못한다면 우리는 몸을 상하게 할 것입니다. 허리가 아픈 것이 느껴지지 않는다면 우리는 허리가 부러질 때까지 무엇인가를 계속할 것입니다. 아픔을 아는 것만큼 우리를 보호하는 것이 없습니다. 그러나 나병에 걸리면 상처가 나도 통증을 느낄 수 없습니다.

우리가 예수님을 필요로 하지 않는다면 영적 나병에 걸린 것과 마찬가지입니다. 이 점에 대해 깊이 생각하게 하는 말씀이 있습니다. 로마서 1장입니다.

하나님을 알되 하나님을 영화롭게도 아니하며 감사하지도 아니

> 하고 오히려 그 생각이 허망하여지며 미련한 마음이 어두워졌나니 스스로 지혜 있다 하나 어리석게 되어 썩어지지 아니하는 하나님의 영광을 썩어질 사람과 새와 짐승과 기어다니는 동물 모양의 우상으로 바꾸었느니라 그러므로 하나님께서 그들을 마음의 정욕대로 더러움에 내버려 두사 그들의 몸을 서로 욕되게 하게 하셨으니 (롬 1:21-24)

우리에게 가장 큰 벌은 무엇일까요? 더러운 곳에 있어도 더러운 것을 깨닫지 못한 채 버려져 있는 것입니다. 아픔을 느껴야 고침 받을 생각을 할 텐데 아픈 줄도 모르는 나병에 걸린 상태와 같은 것입니다. 요한복음 본문에서 왕의 신하는 아들의 고통을 알았기 때문에 병 고침을 받는 것이 절실했습니다. 고통 때문에 병을 고칠 수 있었습니다. 그러나 아픈 줄 모른다면 어떻게 자신의 병을 알 수 있으며 자신의 병을 모른다면 어떻게 병을 고칠 수 있을까요? 성경은 우리가 아픔마저 느끼지 못하는 상태에 있다고 진단합니다. 요한복음 3장을 봅시다.

> 하나님이 세상을 이처럼 사랑하사 독생자를 주셨으니 이는 그를 믿는 자마다 멸망하지 않고 영생을 얻게 하려 하심이라 하나님이 그 아들을 세상에 보내신 것은 세상을 심판하려 하심이 아니요 그로 말미암아 세상이 구원을 받게 하려 하심이라 그를 믿는 자는 심판을 받지 아니하는 것이요 믿지 아니하는 자는 하나님의 독생자의 이름을 믿지 아니하므로 벌써 심판을 받은 것이니라 그 정죄는 이것이니 곧 빛이 세상에 왔으되 사람들이 자기 행

위가 악하므로 빛보다 어둠을 더 사랑한 것이니라 (요 3:16-19)

우리의 가장 큰 병은 죄짓고 더러움 속에 살면서도 그 상태를 오히려 편안하게 여기는 데 있습니다. 누군가 이런 얘기를 했습니다. "발에 무좀이 있어서 무척 가렵습니다. 그런데 무좀 걸린 발바닥을 긁어서 맛보는 시원함이란 이루 말할 수 없는 쾌감입니다. 이 시원한 맛을 느낄 수 있어 저는 무좀 걸린 게 좋습니다."

우리의 영적 상태가 이렇습니다. 시원하게 긁는 맛이 좋아 병에 걸린 것이 좋다는 생각까지 합니다. 더러움 속에 사는 것을 즐기며 버려져 있는 것이 좋은 줄 착각하고 있습니다. 깨끗한 옷보다 더러운 옷을 입으면 마음 놓고 뒹굴 수 있다며 더러운 옷을 더 좋아하는 것입니다.

처음부터 예수님이 어떤 분인지 알고 교회에 나오는 사람은 거의 없습니다. 어딘가 아프고 문제가 풀리지 않아 나옵니다. 그래서 아픔을 느끼는 것이 복입니다. 개인적인 욕심이나 필요 때문에 교회에 나왔는데, 어느 날 더 깊이 예수님을 만나게 되는 것입니다. 그러니 우리는 병 고침을 받은 것, 문제 해결을 받은 것에만 머물러서는 안 됩니다. 예수 그리스도를 만나는 자리로 나아가야 합니다.

예수님을 알고 그분과 깊이 사귀고 있습니까? 헌금 내고 예배드리는 것이 전부가 아닙니다. 그분 자체를 얼마나 필요로 하며, 그분 하나로 얼마나 즐거워하는지 돌아보십시오. 우리에게 당연하게 여겨지는 관심이나 자연스러워 보이는 본성도 사실 더러움에 속한 것일 수 있습니다. 그것들은 죄를 짓게 하면서도 문제라고 깨닫지 못하게 합니다. 이런 것들에 대해 아파해야 합니다. 이런 아픔이 없으면 예수님을 믿고 사는 것과 되는 대로 즐기며 사는 것을 구별하지 못합니다. 통증을 느낄 수 있게 해 달라고 기도해야 합니다. 지적받아야 하고 싫은 이야기를 들어야 합니다. 이런 질책으로 우리는 아픔을 느끼며 예수님에게 나아가게 됩니다. 하나님은 이 아픔을 고쳐 주시는 기적을 통하여 예수님을 깊이 알게 하십니다. 이것이 우리에게 표적을 허락하신 이유입니다.

10

값없이 주신 은혜

1 그 후에 유대인의 명절이 되어 예수께서 예루살렘에 올라가시니라 **2** 예루살렘에 있는 양문 곁에 히브리 말로 베데스다라 하는 못이 있는데 거기 행각 다섯이 있고 **3** 그 안에 많은 병자, 맹인, 다리 저는 사람, 혈기 마른 사람들이 누워 [물의 움직임을 기다리니 **4** 이는 천사가 가끔 못에 내려와 물을 움직이게 하는데 움직인 후에 먼저 들어가는 자는 어떤 병에 걸렸든지 낫게 됨이러라] **5** 거기 서른여덟 해 된 병자가 있더라 **6** 예수께서 그 누운 것을 보시고 병이 벌써 오래된 줄 아시고 이르시되 네가 낫고자 하느냐 **7** 병자가 대답하되 주여 물이 움직일 때에 나를 못에 넣어 주는 사람이 없어 내가 가는 동안에 다른 사람이 먼저 내려가나이다 **8** 예수께서 이르시되 일어나 네 자리를 들고 걸어가라 하시니 **9** 그 사람이 곧 나아서 자리를 들고 걸어가니라 이 날은 안식일이니 (요 5:1-9)

은혜의 집

38년 동안이나 병에 걸려 있던 사람을 예수님이 말씀 한마디로 고치신 사건입니다. 예수님이 "일어나 네 자리를 들고 걸어가라"라고 말씀하시자 병자의 병이 나았습니다. 여기에는 예수님이 병을 고치셨다는 것, 심지어 말씀만으로 병을 고치셨다는 것보다 더 깊은 의미가 숨겨져 있습니다.

본문을 보면 예루살렘에 있는 양문 곁에 '베데스다'라는 못이 있었다고 합니다. 예루살렘은 성곽으로 둘러싸여 있었고 성곽에는 여러 개의 문이 있었습니다. 거름을 내다 버리는 분문糞門, 물을 길어 나르는 샘문, 생선을 들이는 어문魚門 등 여러 문이 있었고 양이 들어오는 양문羊門도 있었습니다. 예루살렘 북쪽에 있었던 양문을 들어서면 성전이 나옵니다. 그러니까 양문으로 들어오는 양은 제사에 쓰일 양이었습니다. 그 문 곁에 베데스다 못이 있었습니다. '베데스다'라는 말은 히브리어 '베이트'와 '헤세드', 즉 '집'과 '은혜'라는 두 단어의 합성어입니다. 그러니까 '베데스다'는 '은혜의 집'이라는 뜻입니다.

다시 본문을 보면, 성전 곁 '은혜의 집'이라는 못 주위에 어떤 사람들이 모여 있습니까? 병자들이 모여 있습니다. 그들은 모여서 못의 물이 움직이기를 기다리고 있습니다. 그 못의 물이 움직일 때 먼저 들어가는 사람은 어떤 병에 걸려 있어도 다 낫는다는 말이 있었기 때문입니다. 그래서 그들은 못의 물이 움직이기를 기다리고 있었습니다. 이때 예수님이 등장하십니다.

예수님은 그중 38년 된 병자에게 묻습니다. "낫기를 원하느냐?" 이에 병자는 천사가 내려와 물을 움직이게 할 때 가장 먼저 못에 들어가야 하는데 자기가 가는 동안 매번 다른 사람이 먼저 못에 들어간다고 하소연합니다. 그는 중풍병자였기 때문에 동작이 느려 다른 사람들보다 늦을 수밖에 없었습니다. 그래서 물이 움직일 때 누군가 자신을 못에 넣어 주기만 바라고 있었습니다. 그런데 하소연을 하는 이 병자에게 예수님은 어떻게 하십니까? 그냥 말씀 한마디로 낫게 하십니다. 그를 못에 들어가도록 도와 낫게 하신 것이 아닙니다.

이 사건을 차근차근 들여다보면 병자가 이야기한 병 낫는 조건에 이상한 점이 있다는 생각이 듭니다. 베데스다에 모여 있는 사람들은 세 종류의 병자입니다. 맹인과 다리 저는 사람과 혈기 마른 사람입니다. 혈기 마른 사람이 바로 중풍병자입니다. 하나같이 몸이 불편하여 움직이는 것조차 쉽지 않은 사람들입니다. 그런데도 못에 먼저 들어가겠다고 모여 있습니다. 이런 사람들이 '은혜의 집'에 모여 있는 것입니다.

　은혜란 무엇일까요? 성경에서 '은혜'는 '행위'와 대조되는 말로 쓰입니다. '행위'가 어떤 결과를 얻기 위해 스스로 근거를 마련하고 조건을 충족해야 하는 것을 가리킨다면, '은혜'는 스스로 근거를 마련하거나 조건을 충족하지 못해도 결과를 누리는 것을 가리킵니다. 이 점을 고려하면서 본문을 보면 '은혜의 집'에 은혜와 상반되는 것이 있음을 발견하게 됩니다. 그것은 물이 움직일 때 못에 들어가는 조건을 만족시키면 병이 낫는 결과가 생겨난다는 것입니다.

노력으로 얻을 수 없는 구원

물이 움직일 때 재빨리 움직여 가장 먼저 못에 들어갈 수 있는 사람이라면 병자가 아닐 것입니다. 그런 사람은 물에 들어갈 필요가 없습니다. 본문에 나온 세 종류의 병자 중 물이 움직일 때 자기 힘으로 못에 들어갈 수 있는 사람은 없습니다. 그런데도 그들은 못에 들어가겠다고 벼르고 있습니다. 이런 모습은 구약성경에서도 볼 수 있습니다.

> 가데스 바네아에서 떠나 세렛 시내를 건너기까지 삼십팔 년 동안이라 이 때에는 그 시대의 모든 군인들이 여호와께서 그들에게 맹세하신 대로 진영 중에서 다 멸망하였나니 여호와께서 손으로 그들을 치사 진영 중에서 멸하신 고로 마침내는 다 멸망되

없느니라 (신 2:14-15)

여기에도 38년이라는 말이 나옵니다. 이스라엘 백성은 출애굽하여 광야에서 40년 동안 지냅니다. 그런데 이 말씀에는 그 기간이 38년이라고 되어 있습니다. 이스라엘 백성이 출애굽하여 시내 산에서 머문 기간과 가데스 바네아로 이동하여 정탐꾼을 보내고 기다린 기간을 제하면 실제 광야에서 지낸 시간은 38년이기 때문입니다.

가데스 바네아는 가나안 초입입니다. 그곳에서 정탐꾼 열둘을 가나안 땅에 들여보냈는데, 그들이 정탐한 후 돌아와서 말합니다. "우리는 거기 못 들어갑니다. 거기 사는 백성은 우리보다 훨씬 강해서 싸워도 이길 수 없습니다. 틀림없이 우리는 전멸할 것입니다." 정탐꾼 중 여호수아와 갈렙 두 명만이 그곳에 들어가자고 합니다. 그러나 이스라엘 백성에게는 다른 정탐꾼들의 말만 들릴 뿐입니다. 그래서 백성들은 애굽으로 다시 돌아가겠다고 합니다. 그때 하나님이 나타나셔서 이들에게 단언하십니다. "너희는 내 약속도, 나도 믿지 않는구나. 그곳에 들어가지 않겠다는 너희 소원대로 너희는 그 땅을 밟지 못하고 다 죽을 것이다."

가나안은 이스라엘 백성이 자기들의 힘으로 쟁취할 땅이 아니라 하나님이 주겠다고 약속하셔서 얻게 될 땅이었습니다. 그런데 이스라엘 사람들은 "싸우려고 가 보았더니 그들은 9척 장신이다. 우리는 그들 앞에 메뚜기 같아 보인다. 싸우나 마나 질 것이 뻔하다. 못 들어간다"라고 말하고 있습니다. 하나님이 주셔서 누릴 결과를 자기들의 손에 달려 있는 것으로 오해하고 있습니다. 그들은 은혜 안에 있었으나 여전히 자신들을 의지하고 있었습니다.

이런 생각을 성경은 '율법' 또는 '행위'라고 표현합니다. 여기서 '율법'이란 어떤 법칙을 지키는 것을 말하는 것이 아니라 결과를 스스로의 힘과 능력으로 얻으려는 방법론을 가리킵니다. 베데스다 사건에서도 사람들은 은혜가 아닌 행위로 결과를 얻으려고 합니다. 천사가 와서 물을 움직일 때 못에 먼저 들어가면 병이 낫는다고 합니다. 이 병자들에게 못에 들어갈 능력이나 방법이 있을까요? 그것도 누구보다 먼저 말입니다. 이들은 자기들 힘으로는 못에 들어갈 능력이 없는 자들이었습니다.

이것은 모든 인류가 당면한 문제를 상징합니다. 성경은 이스라엘 백성을 통해 인류가 마주한 문제를 제시하고 있습니다. 인류가 처한 문제는 방법을 몰라서 구원을 얻지 못하는 정도의 것이 아니라고 지적하고 있습니다. 인류는 어떤 상태에서 구원받는 것인지도 모른 채 나름 열심히 노력하면 된다고만 생각합니다. 본문은 이런 사실을 강조하고자 세 종류의 병자를 등장시킨 것입니다. 우리는 모두 영적으로 맹인이고 다리 저는 사람이고 혈기 마른 사람입니다. 그런데도 끊임없이 '내가 못에 먼저 들어가기만 하면 될 텐데'라는 생각만 하고 있습니다.

은혜에 대한 오해

신자라고 해서 불신자보다 나은 것이 별로 없습니다. 신자도 불신자처럼 생각하기 일쑤입니다. 그래서 끊임없이 예수님에게 이렇게 요구합니다. "주여, 제가 제일 먼저 못에 들어갈 수 있도록 힘을 주소서!" 그러나 예수님은 병자에게 힘을 주어 못에 내려갈 수 있게 하시는 방식으로 문제를 해결하시지 않았습니다. 하나님이 하시려는 것은 은혜 베푸시는 것이었습니다. 주를 알게 하시며, 우리 자신이 누구인지를 알게 하려고 하십니다. 여기에 이 사건의 핵심이 있습니다.

은혜와 행위를 구별해야 합니다. 행위는 조건을 성취하는 자에게는 상이 주어지지만 그렇지 못한 자에게는 벌이 주어지는 것을 가리킵니다. 반면, 은혜는 선한 결과가 대가 없이 선물로 베풀어지는 것을 가리킵니다. 그런데 인간은 은혜를 앞에 두고도 자꾸 행위의 법칙으로 대응합니다.

예수님이 베데스다 못에 오셨습니다. 그곳에는 많은 병자가 모여 물이 움직이기만을 기다리고 있습니다. 은혜의 집에 모여서 무엇을 하고 있는 것입니까? 어떻게 먼저 못으로 뛰어갈 것인지만 궁리하고 있습니다. 은혜가 선물로 베풀어지고 있는데 그것을 내 힘으로 차지하겠다고 곤두서 있는 것입니다. 은혜란 우리가 힘을 써서 쟁취하는 것이 아닙니다. 주는 쪽에서 값없이 베푸는 것을 선물로 받기만 하면 되는 것입니다. 그렇게 은혜를 베푸실 예수 그리스도께서 오셨는데 아무도 쳐다보지 않고 못만 쳐다보며 물이 움직이기만을 기다리고 있습니다.

38년 동안이나 병으로 누워 있던 사람은 얼마나 큰 고통을 겪어 온 사람이겠습니까? 예수님이 고통 가운데 누워 있는 그에게 물으십니다. "네가 낫고자 하느냐?" 이 물음에 마땅한 대답은 무엇이겠습니까? "예, 살려 주십시오"입니다. 그런데 병자는 "주여, 물이 움직일 때 나를 못에 넣어 주는 사람이 없습니다. 내가 가는 동안에 다른 사람이 먼저 내려갑니다"라고 답하고 있습니다.

　대부분의 신자가 이 병자와 비슷합니다. 인간은 얻은 결과에 대해 자기가 기여한 바가 없으면 견디지 못합니다. 신자 역시 얻은 결과에 대해 자신에게서 원인을 찾을 수 없으면 싫어합니다. 이것이 신앙을 얽매는 가장 큰 방해물입니다. 죄는 자존심의 싸움이기 때문입니다. 남에게 은혜를 구하고 불쌍히 여겨 달라고 말하는 것만큼 자존심 상하는 일은 없습니다.

　본문에 나온 모순적 상황을 다시 정리해 봅시다. 못에 들어가려는 이유가 무엇입니까? 병이 낫기 위해서입니다. 그런데 남보다 빨리 못에 내려가려면 건강해야 합니다. 하지만 건강하면 못에 들어갈 필요가 없습니다. 모여 있는 이들은 어떤 사람들입니까? 자기 힘으로는 못에 들어갈 수 없는 사람들입니다. 그럼에도 모두들 먼저 들어가 보겠다고 벼르고 있습니다. 이렇게 모순되는 행동이 계속되고 있습니다. 이 사건의 핵심은 물에 들어가는 문제가 아니라는 것을 알아야 합니다. 핵심은 예수님이 하신 말씀에 있습니다. "일어나 네 자리를 들고 걸어가라." 대단히 놀라운 말씀입니다.

은혜로 얻은 생명

요한복음 5장 9, 10절은 율법과 은혜에 대해 설명하고 있습니다. '이 날은 안식일이니 유대인들이 병 나은 사람에게 이르되 안식일인데 네가 자리를 들고 가는 것이 옳지 아니하니라.' 예수님은 왜 하필 안식일에 이 기적을 베푸셨을까요? 그것은 율법을 지키는 것과 생명 얻는 방법이 혼동되고 있음을 보여 주기 위해서였습니다. 율법은 이미 나은 자, 생명이 있는 자에게 필요한 것입니다. 율법 자체가 사람을 낫게 하는 것이 아닙니다. 그래서 율법을 가장 중요한 것으로 생각한다면 생명 얻는 방법은 놓치게 됩니다.

병자에게 가장 중요한 것은 병이 낫는 것입니다. 그래서 예수님이 찾아오셔서 "일어나 네 자리를 들고 걸어가라"라고 명하셨던 것입니다. 그 말씀을 들은 병자는 즉시 일어나 걸었습니다. 그러자 이를 본 유대인들이 말합니다. "어디 안식일인데 일어나서 가느냐?"

우리에게 제일 중요한 것은 도덕도 윤리도 아닙니다. 가장 중요한 것은 생명입니다. 기독교는 생명의 종교입니다. 죽었던 영혼이 소생하는 것, 그것도 영원히 사는 것을 이야기합니다. 그런데도 우리는 이것을 잊고 쓸데없는 내용으로 싸우고 있습니다. 유대인들은 안식일에 병이 나은 것에 대해 시비하고 있습니다.

> 그들이 묻되 너에게 자리를 들고 걸어가라 한 사람이 누구냐 하되 고침을 받은 사람은 그가 누구인지 알지 못하니 이는 거기 사람이 많으므로 예수께서 이미 피하셨음이라 (요 5:12-13)

병자는 자기를 고쳐 주신 이가 누구인지조차 모르고 있습니다. 병자는 그날 예수님을 처음 보았습니다. 예수님이 누구신지 알아서 병을 고쳐 달라고 했던 것이 아닙니다.

그러면 이 병자를 고치는 것은 누구의 뜻이었을까요? 하나님이 뜻하셨던 것입니다. 하나님 마음대로 이 병을 고치셨습니다. 이것이 은혜입니다. 은혜는 구하는 쪽에 권리가 있는 것이 아닙니다. 주는 쪽에 주도권이 있습니다. 신자는 은혜를 구한 사람이 아니라 은혜를 입은 사람입니다. 그러니 은혜를 입은 사람은 자랑할 것이 아무것도 없습니다. "그런데도 내가 구해서 은혜를 얻었다"라고 말한다면 은혜가 무엇인지 전혀 모르는 것입니다. 은혜는 하나님이 오셔서 대가 없이 주신 것입니다. 왜 주셨는지 우리는 모릅니다. 언제 주셨는지도 잘 모릅니다.

기독교에서 무엇보다 중요한 것은 생명과 은혜입니다. 교회는 은혜를 입은 사람들의 모임입니다. 아무라도 좋다, 하나님이 은혜를 베푸시기만 하면 여기 있는 돌들로도 아브라함의 자손을 만들 수 있다는 것을 믿는 사람들입니다. 우리는 하나님의 그런 은혜 때문에 이 자리에 온 것입니다.

신자인 우리는 은혜로 고침을 받아 이곳에 모이게 되었습니다. 그런데도 우리는 예수님 주위에 빙 둘러서서 보좌관 노릇을 합니다. 누가 예수님에게 오기만 하면 면접을 봅니다. 이 사람이 과연 예수님을 만날 만한 사람인지, 은혜 받을 만한 그릇인지 따지며 쓸데없는 소리를 합니다. 생명이 필요한 사람에게 자꾸 율법을 들이대는 꼴입니다.

은혜를 받을 자격이 있는 사람은 없습니다. 그런데도 우리는 쓸데없는 자존심을 세우며 '그래도 나는 은혜 받을 만했다'라고 하면서 남과 비교합니다. 교회에서는 있을 수 없는 일입니다. 악과 게으름, 나태와 비난이 난무해도 괜찮다는 이야기가 아닙니다. 교회는 오직 은혜가 은혜 된 곳이어야 한다는 말입니다. 이곳은 '은혜의 집'이기 때문입니다.

　예수님이 베데스다 못가에서 병자를 일으키셨듯이 우리도 그렇게 은혜를 입었습니다. 우리는 쓸데없는 생각을 하고 살았는데 은혜에 붙잡혀 여기까지 끌려온 것입니다. 그러니 잘난 척하지 마십시오. 예수님에게 붙들려 왔을 때 늘어진 귀를 확인하면서 은혜가 무엇인지 다시 생각하십시오.

　우리가 믿지 않는 사람에게 기독교에 대해 이야기할 때 가장 먼저 부닥치는 것이 무엇입니까? "너희는 예수를 믿으면서 왜 그 모양이냐?"라는 공격입니다. "예수 믿는다고 하면서 왜 베데스다 못까지 뛰어가지도 못하냐?"라는 비난을 받습니다.

　우리는 중풍병자라서 뛸 수가 없습니다. 제대로 구르지도 못합니다. 신자인 우리는 자력으로 못에 들어가는 것을 아예 포기한 사람들입니다. 베데스다 못에 꼴등으로 들어가는 것마저도 포기한 사람들입니다. 왜 포기했겠습니까? 우리에게는 내려갈 능력이 없다는 것을 알기 때문입니다.

　그래서 우리는 감사할 수밖에 없습니다. 아직 은혜를 입지 못한 사람을 볼 때에도 예전의 자기 모습을 보는 것 같은 감회와 민망함밖에는 가질 것이 없습니다. 우리도 은혜가 아니면 이 자리에 올 수 없었다는 것을 인정하는 정직과 용기가 필요합니다. 이것이 교회가 가져야 하는 유일한 힘입니다. 새로운 교회상과 새로운 신자상을 정립하는 일은 새롭게 덧칠을 하는 것 같은 일이 아닙니다. 오히려 자존심과 자기 의를 벗어 버려야 하는 싸움입니다. 은혜로 받은 생명을 확인하고 은혜 받은 자답게 이웃을 대하기 바랍니다.

11

은혜를
입은
자들의
명절

10 유대인들이 병 나은 사람에게 이르되 안식일인데 네가 자리를 들고 가는 것이 옳지 아니하니라 **11** 대답하되 나를 낫게 한 그가 자리를 들고 걸어가라 하더라 하니 **12** 그들이 묻되 너에게 자리를 들고 걸어가라 한 사람이 누구냐 하되 **13** 고침을 받은 사람은 그가 누구인지 알지 못하니 이는 거기 사람이 많으므로 예수께서 이미 피하셨음이라 **14** 그 후에 예수께서 성전에서 그 사람을 만나 이르시되 보라 네가 나았으니 더 심한 것이 생기지 않게 다시는 죄를 범하지 말라 하시니 **15** 그 사람이 유대인들에게 가서 자기를 고친 이는 예수라 하니라 **16** 그러므로 안식일에 이러한 일을 행하신다 하여 유대인들이 예수를 박해하게 된지라 **17** 예수께서 그들에게 이르시되 내 아버지께서 이제까지 일하시니 나도 일한다 하시매 **18** 유대인들이 이로 말미암아 더욱 예수를 죽이고자 하니 이는 안식일을 범할 뿐만 아니라 하나님을 자기의 친 아버지라 하여 자기를 하나님과 동등으로 삼으심이러라 (요 5:10-18)

시빗거리가 된 예수님의 치료

예수님이 안식일에 병자를 고치신 일 때문에 논쟁이 시작됩니다. 안식일을 지키는 것은 구약시대부터 유대인들에게 중요한 일이었습니다. 유대인들은 삶의 기준으로 삼아야 할 율법을 하나님에게서 받았는데, 그 근본이 되는 것이 십계명입니다. 안식일을 지키는 일은 십계명에 언급될 만큼 중요한 것이었습니다. 십계명의 네 번째 계명은 "안식일을 기억하여 거룩하게 지키라"(출 20:8)라는 명령으로 시작합니다. 하나님은 이날에 아무 일도 하지 말라고 명하셨습니다. 그래서 안식일에는 할 수 있는 일이 한정되어 있었습니다. 일상에서 하던 기본적인 일들조차 금지되어 있었고 심지어 이날에는 걸을 수 있는 거리도 제한되어 있었습니다.

그런 안식일에 예수님이 38년 된 병자를 고치신 것입니다. 가뜩이나 유대인들은 예수님을 탐탁지 않게 생각하고 있었는데 이 일이 좋은 시빗거리가 되었습니다. 예수님은 중풍병자에게 "일어나 네 자리를 들고 걸어가라"라고 하십니다. 병자는 예수님이 명하신 대로 자리를 들고 걸어갑니다. 그러자 유대인들은 안식일인데 어떻게 자리를 들고 갈 수 있느냐고 야단입니다. 안식일 계명을 어겼다는 것입니다. 유대인들의 비난에 병자는 예수님이 자기에게 시키는 대로 했을 뿐이라고 답합니다. 유대인들은 이 말을 듣고 예수님에게 싸움을 겁니다. 일을 할 수 없는 안식일에 어떻게 이런 일을 행할 수가 있냐고 묻습니다. 그러자 예수님이 대답하십니다. "내 아버지께서 이제까지 일하시니 나도 일한다"(요 5:17). 예수님은 안식일에 일한다고 답하신 것입니다. 그 답으로 예수님은 유대인들의 적대감에 불을 붙이셨습니다.

> 유대인들이 이로 말미암아 더욱 예수를 죽이고자 하니 이는 안식일을 범할 뿐만 아니라 하나님을 자기의 친 아버지라 하여 자기를 하나님과 동등으로 삼으심이러라 (요 5:18)

예수님이 답을 하실수록 일이 더 커져 가는 형국입니다. 사건에 대한 예수님의 설명은 갈수록 더 깊은 의미로 나아가는 반면, 유대인들의 거부감은 점점 더 커집니다. 나아가는 방향이 서로 같지 않아 갈수록 갈등이 깊어집니다. 예수님이 진리와 생명에 속한 일을 하실 때마다 사람들은 예수님을 공격합니다. 예수님이 설명해 주셔도 사람들은 이해하지 못하고 오히려 적대감만 키워 갑니다.

예수님은 38년 된 병자를 고치십니다. 그를 말씀으로 일으키십니다. 그뿐 아니라 예수님 자신이 하나님과 방불한 하나님의 아들이라고 말씀하십니다. 유대인이 볼 때는 안식일을 범한 것만으로도 잘못인데 자신을 하나님과 동등한 위치라고 하니 문제가 더 커진 것입니다. 한쪽에서는 생명과 진리에 대한 가르침이 점점 깊어지고 있는 반면, 다른 쪽에서는 예수님을 그냥 둘 수 없는 이유만 더욱 분명해질 뿐입니다. 우리는 이 대립에서 신앙의 근본적인 내용을 확인할 수 있습니다.

이 갈등은 '유대인이 이로 말미암아 더욱 예수를 죽이고자 한다'라는 결론으로 치닫습니다. 유대인들이 예수를 죽이겠다고 결론 내리게 된 직접적 원인은 하나님과 자신을 동등하게 여기시는 예수님의 말씀입니다. 그런데 예수님이 그 말씀을 하시게 된 것은 38년 된 병자를 고친 사건에서 비롯된 것입니다. 결국 병자를 고치신 사건이 예수 그리스도를 죽음으로 내몰리게 만든 것입니다.

성회로 모이는 날

5장 첫 구절은 이 사건과 무관해 보이는 내용으로 시작됩니다. "그 후에 유대인의 명절이 되어 예수께서 예루살렘에 올라가시니라"(요 5:1). 이 말씀은 5장의 사건을 이해하는 데 필요해 보이지도 않고, 또 4장과 5장을 자연스럽게 연결해 주는 것으로도 보이지 않습니다. 5장 처음에 느닷없이 유대인의 명절이 언급됩니다. 명절이 되어 예수님이 예루살렘에 올라가셨다는 것으로 이야기가 시작됩니다. 이 1절에 담긴 의미를 잘 생각해 보아야겠습니다.

유대인의 큰 명절은 세 가지로 유월절, 맥추절, 수장절입니다.

유월절은 출애굽을 기념하는 날입니다. 이스라엘 백성이 애굽의 종이었을 때 하나님은 애굽 왕 바로를 굴복시키기 위해 10가지 재앙을 내리십니다. 그중 마지막 재앙은 애굽의 모든 장자가 죽는 것이었습니다. 그때 하나님은 이스라엘 백성들에게 어린 양을 죽여 그 피를 문설주와 인방에 바르게 하십니다. 그렇게 재앙의 날에 이스라엘 백성을 구원하신 것입니다. 이 일을 기념하는 날이 유월절입니다. 이 절기는 이스라엘 달력으로 1월 14일입니다.

유월절 날부터 50일 되는 날이 맥추절입니다. 보리를 추수하는 절기로 '칠칠절' 또는 '오순절'이라고도 부릅니다. 마지막으로 중요한 절기는 수장절인데 지금의 '추수감사절'에 해당합니다. 이스라엘 백성이 은혜로 경작한 풍성한 곡식을 추수하고 나서 하나님에게 감사를 드리는 날입니다.

레위기 23장 2절을 보면 이날들에는 이스라엘 사람들이 함께 모였습니다. 성경은 그날에 성회, 곧 거룩한 모임을 열라고 명합니다. 그런데 이날들 말고도 '성회의 날'로 정하신 날이 있는데 그날이 안식일입니다(레 23:3). 그러니 안식일과 마찬가지로 성회에 모이는 이 절기들에는 일하지 않는다는 규례가 적용됩니다. 이 절기들의 근본원리는 안식일과 같은 것입니다. 그래서 이 날들을 잘 지키려면 안식일에 대한 이해가 있어야 했습니다.

안식일에 관한 설명은 십계명에 잘 나와 있습니다. 하나님이 엿새 동안 천지를 만드시고 이레째 되는 날 쉬셨기 때문에 이스라엘 백성도 쉬어야 한다고 하셨습니다. 그날이 안식일인 것입니다. 안식일을 지키도록 하신 것은 하나님이 엿새 동안 천지를 만들고 나시 아무 일도 하시지 않았기 때문이 아닙니다. 본문 17절에서 보듯 하나님은 지금도 일하신다고 합니다. 하나님은 지금도 비를 내리시고 바람이 불게 하시며 한 생명을 태어나게 하시고 한 심령을 거듭나게 하십니다. 그가 만드신 모든 것을 섭리하시고 움직이십니다. 그러니 엿새 동안 천지를 만들고 이레째 되는 날 쉬셨던 것은 하나님의 일이 완성되었기 때문입니다. 인간이 그 일에 간섭하고 보조하고 마무리 지을 것이 없습니다. 하나님이 처음 안식일을 선포하실 때 주신 가장 중요한 메시지는, 창조자는 하나님뿐이시며 그분의 창조는 완벽했다는 것입니다. 그래서 안식일에는 노동을 하지 않도록 하셨던 것입니다.

이 안식일과 같은 날을 유월절, 맥추절, 수장절로 정하여 절기로 지키게 하신 것은 기억해야 할 것들을 정례화하지 않으면 잊어버리는 사람의 성향 때문입니다. 8월 15일을 광복절로 정해 놓지 않았다면 우리는 해방의 기쁨을 반추하지 않을 것입니다. 생일을 기념하지 않으면 부모의 은혜를 잘 생각하지 않게 됩니다. 이렇게 경축일이나 추모일을 정해서 기념하는 것은 기념일 자체를 위해서가 아니라 우리를 위해서 필요한 것입니다. 절기도 그래서 필요했던 것입니다.

하나님은 이런 의미로 유월절을 지키게 하셨습니다. "나는 너희를 종 되었던 애굽에서 구해 낸 하나님이니라. 너희에게 먹을 것과 입을 것을 주고 너희에게 필요한 모든 것을 해결해 주는 이가 바로 나이니라." 이것이 유월절을 비롯한 모든 절기와 안식일에 담긴 가장 중요한 메시지입니다. 그날들이야말로 하나님이 우리에게 얼마나 자상하신지, 우리를 어떻게 만족시키시는지, 우리를 우리 자신보다 얼마나 더 잘 아시는지 깨닫게 되는 기회가 됩니다. 그런 하나님이 우리를 선한 길로 인도하신다는 것을 알고 마음껏 기뻐할 수 있도록 주신 날들입니다.

절기와 안식일이 가진 의미를 염두에 두고 본문을 읽으면 안식일에 예수님이 병자를 고치신 일이야말로 안식일에 해야 할 일이라는 것을 알 수 있습니다. 그런데도 유대인들이 안식일을 운운하며 예수를 박해한 것은 절기와 안식일의 참뜻을 이해하지 못했기 때문입니다. 이러한 몰이해는 하나님의 은혜를 망각하고 결국 예수님을 죽이는 자리까지 나아가게 만듭니다.

은혜를 거부하는 인간의 본성

인간은 모든 것을 은혜로 받습니다. 생명과 생애, 구원과 천국도 은혜로 받는 것입니다. 그런데도 인간은 은혜로 받는 이 모든 것을 자기 실력으로 획득한 것처럼 여겨 끝내 하나님을 죽이려 든다고 본문은 이야기합니다. 예수님이 오랫동안 고통 받던 병자를 고쳐 주셨습니다. 이렇게 펼쳐지는 은혜를 보고서도 유대인들은 예수 그리스도를 죽여야겠다는 결론으로 나아갑니다. 이 사건은 인간이 본성적으로 하나님을 싫어한다는 사실을 보여 줍니다.

하나님은 우리에게 필요한 모든 것을 채워 주시는 분이요, 우리를 선한 곳으로 인도하시는 분입니다. 그분은 창조주이셔서 우리보다 우리의 체질을 더 잘 아시며 우리에게 유익한 것이 무엇인지 알고 채워 주시는 분입니다. 그런 분이 허락하신 기쁨의 자리에서 인간은 도리어 그분을 죽이려는 모의를 한다고 성경은 말하고 있습니다. 이것은 예수님 당시에만 그랬던 것이 아닙니다.

  인간은 같은 본성을 가지고 태어납니다. 시간이 흐르고 사회가 발전해도 더 나은 인간은 태어나지 않습니다. 인간이 세대를 거듭하여 같은 실수를 반복한다는 것은 역사를 통해 확인할 수 있습니다. 역사의 경험을 교훈 삼아 더 나은 삶을 살아간 인간은 없습니다. 인간 역사는 마치 신병 훈련소와 같습니다. 신병들이 입소하면 기강을 잡고 잘 훈련합니다. 이들을 잘 가르쳐 놓으면 작은 구령에도 제 역할을 잘 해냅니다. 그런데 한 달 후면 잘 훈련된 병사들은 퇴소하고 아무것도 모르는 새 훈련병들이 들어옵니다. 훈련소 쪽에서는 신참들과 모든 훈련을 다시 시작해야 하는 것입니다.

  우리는 모두 죄인으로 태어납니다. 누구나 마이너스 무한인 상태에서 태어납니다. 구원받아 중생하면 플러스 무한을 향해 가게 됩니다. 이런 관점에서 보면, 하나님은 역사 속에서 어떤 과업을 성취하기 위해 일하시는 것이 아닙니다. 하나님은 위대한 역사를 쌓으려고 하시지 않습니다. 다만 한 사람 한 사람을 시간과 공간 속에 걷게 하셔서 하나님의 자녀로 완성하실 뿐입니다. 그래서 본문은 우리의 이야기이기도 합니다.

  교회로 모인 우리 모습을 돌아봅시다. 우리는 예수를 믿는 자, 율법을 아는 자, 기독교가 무엇인지를 아는 자로 모여 있습니다. 그럼에도 하나님이 주시는 생명과 기쁨에 대한 기대가 없습니다. 말씀을 대할 때에도 하나님이 지금 나와 함께하시고 나에게 힘을 주시는 것에 대한 감격이 없습니다. 더 이상 우리는 하나님이 좋은 것을 맛보게 하실 것이라는 기대 없이 교회에 나옵니다.

  우리의 기쁨은 어디에 있습니까? 우리는 도대체 왜 살며 왜 하나님을 믿습니까? 우리가 기쁨으로 누려야 할 절기는 어디에 있습니까? 하나님의 하나님 되심은 중단된 적이 없으며 아버지께서는 지금도 일하고 계시는데 왜 교회에서는 감사할 것이 점점 줄어들고 있습니까? 우리의 찬송은 왜 사라지고 있습니까? 왜 서로를 쳐다보는 것조차 달가워하지 않게 되었습니까? 이유는 단 하나입니다. 우리가 그분을 죽이려 하기 때문입니다.

왜 죽이려고 할까요? 우리는 은혜가 없으면 안 되는 사람이라는 사실을 망각하기 때문입니다. 하나님이 베푸신 한없는 긍휼보다 내가 행하는 노력을 더 크게 생각하기 때문입니다. 그러니 어느 날 갑자기 율법이나 진리를 하나 깨달아 실천했다고 해서 다른 사람을 향해 눈을 치켜뜨지 마십시오. 왜 안식일에 그렇게 하느냐는 이야기 따위는 하지 마십시오. 그런 말을 꺼낼 바에는 차라리 좀 모르는 편이 더 낫습니다.

예수님이 주시는 기쁨

예수님은 우리와 정반대로 행동하십니다. 예수 그리스도의 생애에는 사람들을 향한 안타까운 눈물이 있었고 그들을 향한 애통함과 민망함이 있었습니다. 예수님은 눈을 치켜뜨고 사람들을 쳐다보시지 않았습니다. 예수님에게는 기쁨이 있었기 때문입니다. 요한복음 14장에 중요한 선언이 있습니다.

내가 아직 너희와 함께 있어서 이 말을 너희에게 하였거니와 보

> 혜사 곧 아버지께서 내 이름으로 보내실 성령 그가 너희에게 모든 것을 가르치고 내가 너희에게 말한 모든 것을 생각나게 하리라 평안을 너희에게 끼치노니 곧 나의 평안을 너희에게 주노라 내가 너희에게 주는 것은 세상이 주는 것과 같지 아니하니라 너희는 마음에 근심하지도 말고 두려워하지도 말라 (요 14:25-27)

예수님이 십자가를 지시기 직전에 하신 말씀입니다. 십자가에 달리실 일을 앞에 두고도 "나의 평안을 너희에게 주노라" 하고 말씀하셨습니다. 십자가는 예수님에게 무겁고 어려운 것이었습니다. 얼마나 힘드셨으면 면하게 해 달라고 아버지께 세 번이나 기도하셨겠습니까? 그러나 예수님의 마음에 평안이 떠났던 적은 없습니다. 예수님은 오히려 제자들에게 평안을 주십니다. 요한복음 4장에서도 그런 모습을 보았습니다. 예수님이 지치셔서 사마리아 땅 어느 우물곁에 앉으셨을 때, 제자들은 예수님의 곤핍함을 양식으로 채우면 될 것이라 여겨 먹을 것을 구하기 위해 동네에 들어갔습니다. 그런데 먹을 것을 구해 온 제자들에게 예수님이 하신 말씀이 무엇이었습니까? "나의 양식은 나를 보내신 이의 뜻을 행하며 그의 일을 온전히 이루는 것이다"(요 4:34). 예수님의 양식은 하나님의 뜻을 행하고 하나님의 일을 이루는 것이라고 합니다. 하나님의 일은 무엇입니까? 사람을 살리는 것입니다. 하나님을 믿는 사람들의 기쁨은 무엇입니까? 생명이 살아나는 것을 보는 것입니다. 남의 것을 빼앗거나 자기가 잘난 것으로 얻을 수 있는 기쁨은 하나님에게 없습니다. 신자는 예수님처럼 생명을 살리는 사람입니다. 상대방이 만족하고 기쁨을 얻을 수 있다면 자신은 죽어도 좋다고 생각하는 사람입니다. 하나님이 우리 삶과 생애를 주장하셔서 풍족하게 하시니 우리는 부족한 것이 없는 사람들입니다. 그래서 우리에게는 줄 것이 있습니다. 우리만이 하나님의 복음을 들고 소개할 수 있습니다. 우리는 생명과 진리를 소유하고 있기 때문에 세상에서 늘 지고 망할 것입니다. 어쩌면 원치 않는 길을 걷게 될지도 모릅니다. 그러나 기쁨으로 그 길을 갈 수 있습니다. 우리의 평안을 빼앗을 자가 없기 때문입니다.

명절을 명절답게 누립시다. 주일을 기쁨으로 모입시다. 세상이 할퀴고 막으며 누를지라도 우리는 찬송할 수 있습니다. 밟히면 밟힌 채로 찬송할 수 있습니다. 하나님이 그렇게 할 수 있게 하셨기 때문입니다. 우리 중에 외인은 없습니다. 은혜와 복을 받지 못한 자가 없기 때문입니다. 그것이 얼마나 확실하고 대단한 것인지 아십니까? 하나님이신 예수 그리스도가 피 흘려 죽으심으로 얻게 된 것입니다.

여기에 구원의 넘치는 영광이 있습니다. 영원한 약속과 기쁨과 환희와 생명과 진리가 있습니다. 누리지 못하는 것은 우리의 불찰 때문입니다. 세상의 아픔과 어려움이 왜 교회에까지 침투하여 교회마저 침울하게 만듭니까? 그것은 우리가 우리 자신을 자랑하려고 하기 때문입니다. 나의 잘난 것을 증명하기 위해 하나님을 죽이려고 하는 것은 아닌지 돌아봅시다. 우리가 모이는 자리는 하나님의 은혜가 흘러넘치는 절기의 장입니다. 이 절기와 안식일을 허락하신 은혜를 기억하고 그 기쁨을 누리십시오.

12

유일한
중보자

24 내가 진실로 진실로 너희에게 이르노니 내 말을 듣고 또 나 보내신 이를 믿는 자는 영생을 얻었고 심판에 이르지 아니하나니 사망에서 생명으로 옮겼느니라 **25** 진실로 진실로 너희에게 이르노니 죽은 자들이 하나님의 아들의 음성을 들을 때가 오나니 곧 이 때라 듣는 자는 살아나리라 **26** 아버지께서 자기 속에 생명이 있음 같이 아들에게도 생명을 주어 그 속에 있게 하셨고 **27** 또 인자됨으로 말미암아 심판하는 권한을 주셨느니라 **28** 이를 놀랍게 여기지 말라 무덤 속에 있는 자가 다 그의 음성을 들을 때가 오나니 **29** 선한 일을 행한 자는 생명의 부활로, 악한 일을 행한 자는 심판의 부활로 나오리라

(요 5:24-29)

그와 그를 보내신 이

본문에는 우리에게 익숙한 말씀이 있습니다. "내가 진실로 진실로 너희에게 이르노니 내 말을 듣고 또 나 보내신 이를 믿는 자는 영생을 얻었고 심판에 이르지 아니하나니 사망에서 생명으로 옮겼느니라"(요 5:24). 예수님은 '내 말을 듣고', '나 보내신 이를 믿는 자는' 영생을 얻었다고 말씀하십니다. 구원을 말씀하시면서 예수님과 예수님을 보낸 이, 곧 하나님을 함께 언급하시는 것입니다.

흔히 우리는 '예수를 믿으면 구원을 받는다'라는 말로 복음을 간단히 요약합니다. 그런데 본문을 보면 예수님은 구원을 설명하시면서 자신뿐만 아니라 아버지를 언급하십니다. 19절에서 '아버지께서 행하시는 그것을 아들도 그와 같이 행하느니라'라고 하시며 아버지와의 관계를 강조하시고 있습니다.

이런 점을 염두에 두면, 24절의 '나를 믿으면 구원을 얻는다'라는 말씀을 '예수를 믿으면 구원받는다'라고만 단순하게 읽어 낼 수는 없습니다. 본문에서 예수님은 '예수를 믿으면 구원을 얻는다'라는 식의 일차원적 발언을 하신 것이 아닙니다.

본문은 베데스다 사건 후에 이어지는 말씀입니다. 예수님은 안식일에 베데스다 못에서 38년 된 병자를 고치십니다. 그리고 그 사건으로 유대인들과 부딪히십니다. 왜 안식일에 병자를 고쳐 규례를 범하느냐는 유대인들의 비난에 예수님은 "내 아버지께서 이제까지 일하시니 나도 일한다"(요 5:17)라고 답하십니다. 이 대답 때문에 싸움은 더 커집니다.

유대인들에게 부자지간父子之間은 동질이요 동격이라는 의미를 갖습니다. 그런데 예수님이 자신을 아버지와 같다고 하시니 유대인들은 신성모독이라고 느낀 것입니다. 결국 예수님은 신성모독 죄로 몰리게 됩니다. 이런 상황에서 나온 예수님의 답변이 19절 말씀입니다.

> 그러므로 예수께서 그들에게 이르시되 내가 진실로 진실로 너희에게 이르노니 아들이 아버지께서 하시는 일을 보지 않고는 아무 것도 스스로 할 수 없나니 아버지께서 행하시는 그것을 아들도 그와 같이 행하느니라 (요 5:19)

이 말씀이 '그러므로'라는 단어로 시작되는 것을 눈여겨보아야 합니다. 앞에 나온 사건에 이어지는 말씀입니다. 예수님의 답은 "나는 하나님과 방불하다. 곧 나도 하나님이니, 나를 믿는 자는 아버지를 믿는 것이고 아버지를 믿는 자는 나를 믿게 되는 것이 당연하다. 또한 아버지가 행하시는 일을 나도 행한다"라는 것입니다. 이 말씀을 곰곰이 생각해 봅시다.

'아들을 믿는 자는 그를 보내신 이를 믿는 것이며 만일 하나님 아버지를 믿는 자라면 그분이 보낸 아들을 당연히 믿을 수밖에 없을 것이다. 그러므로 구원을 얻으려면 아버지를 믿는 것과 같이 아들의 말도 믿어야 한다.' 이 말을 들으면 우리에게 질문이 생겨납니다. 하나님은 무엇하러 자기 아들을 보내실까요? 두 분이 방불하다면 아버지 혼자서 일하셔도 되는 것 아닙니까? 하나님은 여태껏 그렇게 해 오셨습니다. 천지를 창조하시고 이스라엘을 이끄시고 여러 기적을 보이시고 사사들을 일으키시고 다윗과 다니엘 같은 사람들을 세우시는 등 모든 일을 혼자서 다 하셨는데 왜 갑자기 예수 그리스도가 오셔야 하는 것일까요? 여기에 본문의 핵심이 있습니다.

중보자의 필요성

이 문제에 대해 생각해 보기 위해 25절을 봅시다. "진실로 진실로 너희에게 이르노니 죽은 자들이 하나님의 아들의 음성을 들을 때가 오나니 곧 이 때라 듣는 자는 살아나리라"(요 5:25). 지금이 구원의 때라고 합니다. 죽은 자들이 하나님의 아들의 음성을 들을 수 있게 되었다는 것입니다. 이 말씀에 담긴 깊은 뜻을 깨닫기 위해서는 이스라엘 역사를 돌아보아야 합니다. 먼저 출애굽기 20장을 봅시다.

모세가 이스라엘 백성을 애굽에서 인도해 내어 시내 산에 도착했을 때, 그는 백성들을 산 밑에 모아 두고 홀로 시내 산에 올라가 하나님 앞에서 율법을 받습니다.

> 뭇 백성이 우레와 번개와 나팔 소리와 산의 연기를 본지라 그들이 볼 때에 떨며 멀리 서서 모세에게 이르되 당신이 우리에게 말씀하소서 우리가 들으리이다 하나님이 우리에게 말씀하시지 말게 하소서 우리가 죽을까 하나이다 모세가 백성에게 이르되 두려워하지 말라 하나님이 임하심은 너희를 시험하고 너희로 경외하여 범죄하지 않게 하려 하심이니라 백성은 멀리 서 있고 모세는 하나님이 계신 흑암으로 가까이 가니라 (출 20:18-21)

백성들이 시내 산 앞에 모였을 때, 그곳에 하나님의 위엄과 권능이 강림했습니다. 백성들은 하나님 앞에 서자 죽을 것처럼 무서워서 벌벌 떨었습니다. 너무 무서워 모세에게 "당신이 대신 듣고 와서 우리에게 전해 주십시오"라고 간청했습니다.

이것은 기억해야 할 장면입니다. 이 장면은 우리가 죄인이기 때문에 하나님 앞에 설 수 없음을 보여 줍니다. 하나님이 우리에게 직접 오시면 무서운 일이 벌어집니다. 하나님이 우리를 구원하시는 일에 있어서 가장 큰 난관은 하나님이 직접 우리를 만나러 오시면 우리가 죽는다는 것입니다. 그때는 하나님이 이스라엘 백성에게 율법을 주시는 때였으므로 이런 점이 더욱 두드러졌습니다.

이스라엘 백성을 향한 하나님의 높은 기준이 나타나는 때여서 인간의 모자람이 더욱 확연히 드러났던 것입니다. 하나님을 직접 대면하는 것이 두려웠던 백성들은 모세에게 간청합니다. '당신이 우리에게 말씀하소서 우리가 들으리이다 하나님이 우리에게 말씀하시지 말게 하소서 우리가 죽을까 하나이다'(출 20:19). 이 사건의 의미는 나중에 더 깊이 설명됩니다. 죽음을 앞둔 모세가 그 사건을 회상하며 자세히 이야기합니다.

여호와께서 이 모든 말씀을 산 위 불 가운데, 구름 가운데, 흑암 가운데에서 큰 음성으로 너희 총회에 이르신 후에 더 말씀하지 아니하시고 그것을 두 돌판에 써서 내게 주셨느니라 산이 불에 타며 캄캄한 가운데에서 나오는 그 소리를 너희가 듣고 너희 지파의 수령과 장로들이 내게 나아와 말하되 우리 하나님 여호와께서 그의 영광과 위엄을 우리에게 보이시매 불 가운데에서 나오는 음성을 우리가 들었고 하나님이 사람과 말씀하시되 그 사람이 생존하는 것을 오늘 우리가 보았나이다 이제 우리가 죽을 까닭이 무엇이니이까 이 큰 불이 우리를 삼킬 것이요 만일 우리가 우리 하나님 여호와의 음성을 다시 들으면 죽을 것이라 육신을 가진 자로서 우리처럼 살아 계시는 하나님의 음성이 불 가운데에서 발함을 듣고 생존한 자가 누구니이까 당신은 가까이 나아가서 우리 하나님 여호와께서 하시는 말씀을 다 듣고 우리 하나님 여호와께서 당신에게 이르시는 것을 다 우리에게 전하소서 우리가 듣고 행하겠나이다 하였느니라 여호와께서 너희가 내게 말할 때에 너희가 말하는 소리를 들으신지라 여호와께서 내게 이르시되 이 백성이 네게 말하는 그 말소리를 내가 들은즉 그 말이 다 옳도다 다만 그들이 항상 이같은 마음을 품어 나를 경외하

며 내 모든 명령을 지켜서 그들과 그 자손이 영원히 복 받기를 원하노라 (신 5:22-29)

이스라엘 사람들의 말이 이렇게 회상됩니다. '하나님이 사람과 말씀하시되 그 사람이 생존하는 것을 오늘 우리가 보았나이다.' 이스라엘 사람들은 모세가 하나님을 대면했으나 죽지 않고 산 것을 보았습니다. 사람은 하나님을 보면 다 죽었습니다. 하나님의 거룩함을 견뎌 낼 자가 없기 때문입니다. 그래서 이스라엘 사람들은 하나님의 말씀을 직접 듣지 않게 해 달라고 청했던 것입니다. "우리가 왜 하나님의 말씀을 듣고 죽어야 합니까? 모세 당신이 하나님의 말씀을 듣고 와서 전해 주면 되지, 왜 우리가 직접 하나님을 만나야 합니까?"

여기에서 하나님과 이스라엘 백성들 사이에 놓여 있는 난관을 발견할 수 있습니다. 하나님은 이스라엘 백성에게 친히 말씀하실 수가 없습니다. 그들은 하나님을 대면하면 죽기 때문입니다. 그러나 이스라엘은 하나님의 말씀을 듣지 못해도 죽습니다. 그래서 이스라엘 백성은 모세에게 하나님의 말씀을 대신 듣고 전해 달라고 했던 것입니다. 그것이 모세가 시내 산으로 율법을 받으러 올라가게 된 가장 큰 이유입니다. 하나님을 대면하고 하나님의 말씀을 들어도 죽지 않는 자가 대표로 말씀을 듣고 와서 전해 주면 백성들이 죽지 않을 수 있는 것입니다. 이 내용은 신명기 18장에서 더 확장됩니다.

네 하나님 여호와께서 너희 가운데 네 형제 중에서 너를 위하여

> 나와 같은 선지자 하나를 일으키시리니 너희는 그의 말을 들을 지니라 이것이 곧 네가 총회의 날에 호렙 산에서 네 하나님 여호와께 구한 것이라 곧 네가 말하기를 내가 다시는 내 하나님 여호와의 음성을 듣지 않게 하시고 다시는 이 큰 불을 보지 않게 하소서 두렵건대 내가 죽을까 하나이다 하매 여호와께서 내게 이르시되 그들의 말이 옳도다 내가 그들의 형제 중에서 너와 같은 선지자 하나를 그들을 위하여 일으키고 내 말을 그 입에 두리니 내가 그에게 명령하는 것을 그가 무리에게 다 말하리라 (신 18:15-18)

중보자 역할은 모세로 그치지 않습니다. 모세는 '나와 같은 선지자'가 세워질 것이라고 합니다. 앞서 본 출애굽기 20장이나 신명기 5장에서는 이스라엘 백성이 하나님의 말씀을 직접 들으면 죽기 때문에 모세를 중보자로 세웠다고 했습니다. 모세는 하나님 편에 서서 하나님의 말씀을 백성들에게 전달하는 역할을 맡았습니다. 하나님 앞에 서 있어도 죽지 않는 자로서 하나님과 이스라엘 백성을 매개해 주는 중보자 역할을 한 것입니다.

그런데 신명기 18장에서 모세는 하나님이 자신과 같은 선지자를 세울 것이라고 하여 자신은 중보자의 상징에 불과하고 참된 중보자는 아니라는 사실을 암시합니다. 모세 자신도 이스라엘 백성에 속하기 때문에 그들과 다르지 않았던 것입니다. 그 자신에게도 중보자가 필요했습니다. 모세가 말하는 '나와 같은 선지자 하나'가 예수님을 지칭한다는 것을 우리는 알고 있습니다. '나와 같은 선지자'라는 모세의 말에 핵심 메시지가 있습니다. 그 선지자는 모세처럼 하나님과 사람을 매개하는 중보자 역할을 할 것입니다.

하나님이 우리에게 접근하시기 위해서는 중보자가 있어야 합니다. 사람은 직접 하나님을 만나면 죽기 때문입니다. 하나님은 거룩하신 분이므로 죄를 만나면 죄에 대한 보응이 나올 수밖에 없는 분입니다. 그러니 죄인은 하나님의 거룩하심 앞에서 버틸 수 없습니다. 그것은 빛이 비치면 어둠이 존재할 수 없는 것과 같습니다. 빛이 들어오는 순간 어둠은 사라질 수밖에 없는 것입니다.

중보자 예수님

하나님이 우리를 구원하시려면 직접 만나는 것 외에 다른 방법을 채택하셔야 했습니다. 우리가 아직은 심판에 이르지 않도록 하나님이 영광과 거룩함을 감추시기로 한 것입니다. 그렇게 하여 하나님은 구원을 위해 베푸실 모든 것을 우리에게 전하고자 하셨던 것입니다. 그 일을 위해 오신 분이 예수님입니다.

그런데 예수님도 하나님이시기 때문에 예수님을 만나도 우리는 죽습니다. 그래서 예수님은 심판권을 드러내지 않고 오셔야 했습니다. 우리를 죽이지 않고 만나시려고 하나님이신 예수님이 인간으로 오신 것입니다. 그제야 인간은 하나님을 만날 수 있게 되었습니다. 하나님 앞에 서 있어도 죽지 않을 수 있게 된 것입니다.

하나님은 이토록 우리를 구원하고 싶어 하셨습니다. 구원은 해야겠는데 만날 수가 없으니, 무한하고 엄위한 영광과 권위를 숨기고 종의 모습으로 찾아오신 것입니다. 그런데 오히려 사람들은 예수님을 보고 심판권이 없다며 조롱합니다.

이런 배경을 염두에 두면 본문에서 예수님이 왜 "나와 하나님은 하나이다. 나는 본 대로만 행하고 그분이 말씀하신 것만 전한다. 나는 너희를 구원하기 위해 왔다"라는 말씀을 반복하셨는지 알게 됩니다. 예수님은 중보자로 오셨기 때문에 계속 이렇게 말씀하신 것입니다. 하나님이 직접 오실 수도 있었지만 그러면 우리가 다 죽기 때문에 우리를 구원하시기 위해 예수님을 중보자로 세우셨음을 알리시는 것입니다.

요한복음 본문에서 예수님은 유대인들에게 중보자 모세를 떠올리라고 이 말씀을 하십니다. "너희 조상들에게 중보자 모세가 세워졌듯이, 내가 지금 중보자로 왔다. 너희를 구원하기 위해 하나님이 나를 그렇게 보내셨다. 너희가 구원을 얻을 수 있는 유일한 길은 내 말을 듣고 믿는 것이다"라고 하시는 것입니다. 그래서 24절은 이렇게 되어 있습니다. "내가 진실로 진실로 너희에게 이르노니 내 말을 듣고 또 나 보내신 이를 믿는 자는 영생을 얻었고 심판에 이르지 아니하나니 사망에서 생명으로 옮겼느니라."

왜 예수님의 말씀을 듣고 그를 보내신 이를 믿어야 합니까? 중보자 예수님의 말씀을 듣지 않고 그를 믿지 않으면 우리는 구원을 얻을 수 없기 때문입니다. 하나님이 무한한 권위와 위엄으로 나타나시면 우리는 모두 죽습니다. 그래서 예수님을 보내 주셨습니다. 우리는 예수님의 말씀을 듣고 그를 보내신 이를 믿어야 합니다.

24절 말씀은 '나 보내신 이'가 우리를 향해 어떤 마음을 가지고 계시는지도 보여 줍니다. 하나님은 우리를 죽일 의사가 없으시다는 의미가 여기 담겨 있습니다. 우리를 구원하시려고 예수님을 세우신 것입니다. 본문 25절을 다시 봅시다. "진실로 진실로 너희에게 이르노니 죽은 자들이 하나님의 아들의 음성을 들을 때가 오나니 곧 이 때라 듣는 자는 살아나리라."

　우리는 죽은 자들입니다. 죽은 자들이기 때문에 하나님의 음성을 들을 수 없습니다. 설령 들을 수 있다 해도 하나님의 음성을 들으면 죽습니다. 우리는 하나님과 관계없는 자들이었기 때문에 하나님의 음성을 감당하지 못합니다. 그러나 우리로 그것을 감당하게 하시려고 예수님이 오셨습니다. 우리를 심판하기 위해서가 아니라 살려 내기 위해서 오신 것입니다.

구원의 때

25절의 '이 때'는 하나님이 우리를 구원하시려는 때입니다. 그런데 사람들은 구원에 관심을 기울이기보다 하나님이신 예수님에게 권위와 능력을 보여 달라고 요구합니다. 이것은 예수님을 대할 때 모두가 저지르는 실수입니다. 우리의 그런 요구에 예수님은 잠잠하십니다. 사람들은 십자가에 달린 예수님에게 "네가 만일 하나님의 아들이어든 내려와 보라"라고 조롱했습니다. 저 같으면 십자가에 다시 올라가더라도 일단 내려와서 뺨이라도 한 대 때릴 것 같습니다. 그러나 예수님은 잠잠하셨습니다. 사람들의 비난과 조롱에도 당신의 일만 묵묵히 하셨습니다. 왜 그러실까요?

　하나님은 우리에게 예수 그리스도를 보내시고 이렇게 말씀하십니다. "지금은 구원의 때여서 중보자를 세워 보낸 것임을 기억하라. 지금 긍휼과 자비가 베풀어진다고 하여 잘못 생각하지 말아

라. 너희가 지금 나를 조롱하더라도 나는 너희가 구원 얻기를 원한다." 이것이 본문의 무서운 결론입니다.

28절을 다시 봅시다. "이를 놀랍게 여기지 말라 무덤 속에 있는 자가 다 그의 음성을 들을 때가 오나니"(요 5:28). 이 구절이 가리키는 '때'는 25절의 '죽은 자들이 하나님의 아들의 음성을 들을 때'와 다른 때입니다. 28절의 때는 마지막 날 나팔 소리에 모두가 부활하는 그때를 가리킵니다. 29절을 보면 '선한 일을 행한 자는 생명의 부활로, 악한 일을 행한 자는 심판의 부활로' 나올 것이라고 합니다. 그때에는 구원의 문에 들어서는 것과 영원한 심판에 떨어지는 것으로 나뉘게 될 것이라는 뜻입니다. 그와 같은 영원한 운명이 결정되는 때가 언제입니까? 바로 지금, 구원의 때입니다.

27절에는 '인자됨으로 말미암아 심판하는 권한을 주셨느니라'라고 되어 있습니다. 주님이 심판하는 권한을 가지셨다는 것은 그를 믿는 것 말고는 다른 길이 없다는 것을 표현하는 말씀입니다. 그분을 믿지 않는 자에게는 다른 구원의 방법이 없습니다. '인자됨으로 말미암아'라는 말 역시 예수 그리스도가 구원의 유일한 중보자, 구원의 유일한 방법이라는 것을 표현하고 있습니다. 하나님이 어떻게 당신의 영광과 권위를 당장 드러내지 않으시고 우리를 향하여 긍휼과 자비와 은혜를 베푸셨는지 기억하라는 것입니다.

하나님이 심판자의 모습으로 직접 오시기를 요구하는 것은 우리가 어떤 처지에 있는지 몰라서 그러는 것입니다. 하나님이 우리에게 권위와 능력을 보이시는 날에는 죽음을 피할 방법이 없게 된다는 것을 기억하십시오. 우리가 그렇게 되지 않도록 하나님이 중보자를 세우셨는데 이를 망각한 우리 때문에 하나님이 분별없는 우리의 입술에 오르내리고 있다는 것을 기억하십시오. 그분이 긍휼과 자비를 베푸신다고 해서 그분을 함부로 농락해도 좋다고 오해하지 마십시오.

지금은 구원의 때요 은혜 받을 시간입니다. 이 시간은 곧 지나가고 깜짝 놀라게 될 날이 옵니다. 우리에게는 기다렸던 기쁨의 날이고, 어떤 사람들에게는 영원히 오지 않기를 원했거나 있으리라고 상상하지도 못했던 날일 것입니다. 그날이 우리를 기다리고 있으며 그 전에 은혜의 시간이 예비되어 있음을 기억하십시오.

자신을 점검하십시오. 이 말씀을 들어야 할 사람이 주변에 있다는 것을 아십시오. 그들에게 칼을 들고 가서 강요할 생각은 버리십시오. 우리는 그들이 구원의 문으로 나아가도록 돕기 위해 오해와 괄시 속에서 당하고 지는 길을 걷는 사람들입니다. 우리가 그렇게 구원을 얻었으므로 그들도 그렇게 구원 얻을 것이라고 믿는 것입니다.

13

아버지께서
이루게
하시는
역사

30 내가 아무 것도 스스로 할 수 없노라 듣는 대로 심판하노니 나는 나의 뜻대로 하려 하지 않고 나를 보내신 이의 뜻대로 하려 하므로 내 심판은 의로우니라 31 내가 만일 나를 위하여 증언하면 내 증언은 참되지 아니하되 32 나를 위하여 증언하시는 이가 따로 있으니 나를 위하여 증언하시는 그 증언이 참인 줄 아노라 33 너희가 요한에게 사람을 보내매 요한이 진리에 대하여 증언하였느니라 34 그러나 나는 사람에게서 증언을 취하지 아니하노라 다만 이 말을 하는 것은 너희로 구원을 받게 하려 함이니라 35 요한은 켜서 비추이는 등불이라 너희가 한 때 그 빛에 즐거이 있기를 원하였거니와 36 내게는 요한의 증거보다 더 큰 증거가 있으니 아버지께서 내게 주사 이루게 하시는 역사 곧 내가 하는 그 역사가 아버지께서 나를 보내신 것을 나를 위하여 증언하는 것이요 (요 5:30-36)

보내신 이의 뜻대로

요한복음에는 여러 사건이 나오는데 사건마다 예수님과 유대인들이 논쟁을 합니다. 사건을 두고 벌어진 논쟁에서 예수님이 하시는 말씀에는 깊은 내용이 담겨 있습니다. 본문에도 유대인과의 논쟁에서 비롯된 예수님의 말씀이 담겨 있는데, 그 의미가 금방 눈에 들어오지 않습니다.

예수님이 안식일에 38년 된 병자를 고쳐 주신 일 때문에 논쟁이 시작되었습니다. 유대인들은 어떻게 안식일에 이런 일을 하냐고 시비를 겁니다. 예수님은 "아버지께서 일하시니 나도 일한다"라고 답하셔서 안식일에 병을 고친 일은 아버지가 원하시는 일이라는 것을 분명하게 전하십니다. 그러고 나서 "하나님이 나를 보내셨다"라는 말씀을 덧붙이십니다. "아버지와 나는 하나이다. 내가 행하는 어떤 일도 나 홀로 행하는 것이 아니라 아버지께서 나를 보내어 시키셔서 하는 일이다"라는 점을 강조하신 것입니다. 그리고 31절부터는 '증언'이라는 말을 사용해 이야기를 더 진전시키십니다.

> 내가 아무 것도 스스로 할 수 없노라 듣는 대로 심판하노니 나는 나의 뜻대로 하려 하지 않고 나를 보내신 이의 뜻대로 하려 하므로 내 심판은 의로우니라 내가 만일 나를 위하여 증언하면 내 증언은 참되지 아니하되 나를 위하여 증언하시는 이가 따로 있으니 나를 위하여 증언하시는 그 증언이 참인 줄 아노라 (요 5:30-32)

'나는 나의 뜻대로 하려 하지 않고 나를 보내신 이의 뜻대로 하려 하므로'라는 말씀을 보면 예수님이 무엇인가 자제하시고 있다는 느낌이 듭니다. 하실 수 있는 것을 참고 아버지께서 명하신 대로만 한다고 말씀하시기 때문입니다. 자기 뜻대로 하지 않고 자기를 보내신 이의 뜻대로 한다는 말씀에서 예수님이 하나님으로부터 왔다는 것이 분명히 드러나고 있습니다. 본문을 이어서 봅시다.

> 너희가 요한에게 사람을 보내매 요한이 진리에 대하여 증언하였느니라 그러나 나는 사람에게서 증언을 취하지 아니하노라 다만 이 말을 하는 것은 너희로 구원을 받게 하려 함이니라 요한은 켜서 비추이는 등불이라 너희가 한때 그 빛에 즐거이 있기를 원하였거니와 내게는 요한의 증거보다 더 큰 증거가 있으니 아버지께서 내게 주사 이루게 하시는 역사 곧 내가 하는 그 역사가 아버

지께서 나를 보내신 것을 나를 위하여 증언하는 것이요

(요 5:33–36)

예수님이 무슨 말씀을 하고 계시는지 이해해야 합니다. 예수님의 말씀은 이것입니다. "너희가 지금 요구하는 것에 대하여 나는 답할 생각이 없다. 너희는 내가 하나님으로부터 왔다는 증거를 보이라고 요구하지만 나는 그런 증거를 제시하지 않겠다. 또한 나는 사람의 증언도 필요 없다. 하나님이 보내신 자라는 증거는 그분이 하라고 하신 일을 행하는 것으로만 확인될 수 있다."

유대인들이 "당신이 정말 하나님의 아들이요? 정말 하나님이 보내신 자요?"라고 공격하자, 예수님은 "나는 그 질문에 답하기 위해 온 것이 아니다. 내가 온 목적은 나를 보내신 분이 시키신 일을 하는 것이다"라고 답하십니다. 다시 말해, "나의 일은 너희가 원하는 증거를 제시하는 일이 아니다. 내가 하나님이 보내신 자라는 것은 그분이 나에게 하라고 하신 일을 하는 것으로밖에는 증명할 수 없다"라고 말씀하신 것입니다. 그 일 외의 것으로 자신을 증명하는 일은 하지 않겠다고 말씀하시는 것입니다.

자기를 증명하라는 시험

이 문제를 걸고넘어진 것이 사탄이었습니다. 마태복음 4장에는 사탄이 예수님을 시험하는 장면이 나옵니다. 예수님이 받으신 세 가지 시험이야말로 요한복음 본문에서 예수님이 도전받으신, 자기 증명에 대한 요구가 잘 드러나는 구체적 사례입니다. 사탄이 던진 시험이 어떤 시험이며, 예수님의 답변에 담긴 의미가 무엇인지 본문을 통해 그 답을 찾을 수 있습니다.

예수님이 40일 동안 금식하셨을 때 사탄이 나타나 "네가 만일 하나님의 아들이거든 이 돌들을 명하여 떡이 되게 하라"라고 시험합니다. 또 사탄은 예수님을 성전 꼭대기에 세우고 "네가 만일 하나님의 아들이거든 뛰어내려라. 천사들이 너를 받들어 발이 돌에 부딪히지 않게 하리라"라고 합니다. 마지막으로 사탄은 예수님을 높은 산에 데려가 세상 모든 나라와 그 영광을 보여 주며 "내게 엎드려 경배하면 이 모든 것을 너에게 주겠다"라고 유혹합니다.

이 세 가지 시험은 한 가지 의도에서 나온 것입니다. 사탄은 예수님을 하나님에게서 떼어 놓아 하나님의 일꾼의 자리에서 이탈시키시려고 합니다. 예수님은 하나님의 일을 이루려고 오신 분인데, 사탄은 예수님에게 하나님으로부터 독립해 자신을 증명해 보이라고 하는 것입니다. 이런 점에서 세 가지 시험은 같은 시험이라고 할 수 있습니다.

돌을 떡으로 만드는 일은 예수님의 신성神性을 증명할 수 있는 일일지 모르지만 하나님이 예수 그리스도를 이 땅에 보내어 하게 하시려는 일과는 무관한 것입니다. 하나님이 예수 그리스도를 보내신 것은 단 하나의 일을 위해서였습니다. 아버지께서 예수님에게 주신 자들을 하나도 잃어버리지 않고 모두 구원하는 것이 그 일입니다. 예수님 자신을 증명하는 일은 아버지께서 맡기신 일이 아니었습니다.

우리는 예수님이 자신의 신적 권능을 증명하는 편이 우리를 항복시키시는 데 더 쉽지 않겠냐고 질문하곤 합니다. 예수님이 누구신지를 스스로 증명하시면 우리가 알아볼 수 있을 것이라고 생각하는 것입니다. 그런데 예수님이 기적을 베푸신다면 과연 우리가 항복할까요? 본문은 그렇지 않다고 합니다.

예수님은 우리를 설득하러 오시지 않았습니다. 예수님은 우리를 대신해 죽으러 오셨습니다. 예수님은 우리에게 자신을 증명하여 우리를 이해시키거나 감동시키려 하시지 않았습니다. 그렇게 하신다고 해도 우리가 알아듣지 못하기 때문입니다. 어떻게 해도 알아듣지 못하는 우리 때문에 예수님이 오신 것입니다. 이런 우리의 죗값을 치르기 위해 하나님은 예수님을 보내셨습니다. 이것이 예수님이 오신 이유입니다.

36절의 '아버지께서 내게 주사 이루게 하시는 역사'란 무엇입니까? 예수님이 죽으시는 일입니다. 예수님은 죽으심으로 아버지께서 자신을 보내셨다는 것을 증명하십니다. 예수님은 이 일 외의 것으로 자신을 증명하러 오지 않았습니다. 인상적인 일을 일으켜 과시하며 자신이 누구인지 증명하시지 않습니다. 그러면 왜 많은 기적을 일으키셨을까요? 그것은 그의 죽으심으로 거듭난 자들이 나중에 깨달을 수 있도록 하기 위해서 앞서 일하신 것입니다.

예수님이 하신 일은 제자들도 다 이해하지 못했습니다. 예수님이 잡혀가셨을 때 제자들은 도망갔습니다. 예수님이 돌아가시자 제자들은 고기를 잡으러 가 버렸습니다. 그들은 예수님이 부활하신 후에야 다시 돌아옵니다. 제자들은 옛날 일이 생각나서 돌아온 것이 아닙니다. 부활이라는 사건이 실제로 일어나자 '아! 그때 그 말씀이 이것이었구나!' 하고 깨닫게 된 것입니다. 눈을 떠야 예수님이 누구신지 알 수 있습니다. 눈을 뜬 후에야 우리에게 예수님이 증명되고 하나님이 그를 보내신 것도 증명됩니다. '아! 이것이었구나. 그리스도가 이런 분이었구나! 성경의 기록이 이것이었구나!' 하고 나중에 깨닫습니다. 그 전에는 모릅니다.

예수님은 당신을 증명해 보이라는 사람들 앞에서 자신을 내세우시지 않습니다. 예수님은 자존심을 앞세우지 않고 자신을 제한하십니다. 왜 그러십니까? 보내심을 받았기 때문입니다. 예수님은 무엇이든지 할 수 있지만 그것을 포기한다고 말씀하시며 자신을 제한하십니다. 예수님은 자신을 공격하는 자들을 무안하게 만들거나 심판하시지 않습니다. 그들을 고치러 오셨기 때문입니다. 예수님은 자신에게 눈을 치켜뜨고 덤벼드는 사람을 고치러 오셨습니다. 예수님은 하나님의 뜻대로 그들을 위해 죽으십니다.

세상에 보내진 우리

이제 그리스도의 그리스도 되심과 신자의 신자 된 표지에 대한 우리의 생각이 바뀌어야 함을 알 수 있습니다. 예수님이 하시려는 것은 우리를 위해 죽는 일이었습니다. 예수님은 죽으셔야 했고 우리 역시 죽어야 합니다. 이것이 우리의 일입니다.

삶의 근거와 목적과 원리를 제대로 아는 세상 사람은 없습니다. 마찬가지로, 예수 그리스도가 이 땅에 오신 것을 알아본 사람도 없었습니다. 예수님이 겟세마네 동산에서 피땀 흘려 기도하실 때 제자들은 자고 있었습니다. 아무도 그 일에 동참하지 않았습니다.

그러나 이제는 동참할 수 있습니다. 예수님이 아버지의 뜻대로 죽으셨기 때문에 제자들이 눈을 떴고 우리도 눈을 뜨게 되었습니다. 우리가 거듭났으므로 이제는 그분이 누구신지 아는 것입니다.

예수님은 이 땅에 오실 때 권세와 권위를 놓아두고 자기를 온전히 비워 종의 형체로 오셨습니다. 아버지께서 부탁하신 일을 이루기 위해 그랬던 것입니다. 우리의 존재 이유와 삶의 목적은 이 일을 믿고 전하는 데에 있습니다. 우리에게 주어진 능력에 대해서도 이런 관점으로 이해해야 합니다.

사도 바울은 빌립보서 4장 13절에서 "내게 능력 주시는 자 안에서 내가 모든 것을 할 수 있느니라"라고 고백합니다. 이 글은 그가 옥중에서 빌립보교회로부터 위문품을 받으며 쓴 것입니다. 위문품을 받는 형편과는 어울려 보이지 않는 말입니다. 도움 받는 처지에 모든 것을 할 수 있다니, 이것이 무슨 뜻일까요? 맥락을 살펴보면 무슨 뜻인지 이해할 수 있습니다. 이 말은 "내가 기뻐하는 것은 너희가 내게 무엇을 주었기 때문이 아니다. 너희가 하나님의 일에 동참했기 때문에 기뻐하는 것이다. 나는 궁핍하든 부유하든 상관없는 사람이다. 나는 내게 능력 주시는 자 안에서 어떤 꼴이라도 당할 수 있다"라는 뜻입니다. 여기서 '모든 것'은 필요한 것을 얻어 내는 능력이나 성취하고 싶은 긍정적 목표를 의미하는 것이 아닙니다. '모든 것을 할 수 있다'라는 말은 그리스도의 일을 해 나갈 때에는 무슨 일을 당해도 감내할 수 있다는 것입니다.

고린도후서 11장에는 사도 바울이 복음을 전하다가 당한 고난이 상세히 기술되어 있습니다. 바울은 무지하게 고생을 했습니다. 옥에 여러 번 갇히고 매도 수없이 맞고 죽을 뻔한 위기도 많이 겪었습니다. 그는 사십에서 하나 감한 매를 다섯 번이나 맞았고 채찍으로 맞은 것이 세 번이고 한 번은 돌로 맞았고 세 번 파선했다고 회상합니다. 잊을 만하면 곤욕을 치르는 일을 반복하다가 감옥에 갇혔습니다. 그런데도 빌립보서를 보면 바울은 '기뻐하라', '내게 능력 주시는 자 안에서 내가 모든 일을 할 수 있느니라'라고 권면합니다. 세상 관점으로 보면 '드디어 돌았구나'라고밖에 표현할 수 없습니다. 그러나 그는 미친 것이 아니었습니다.

사도 바울은 사람들을 하나님 앞으로 돌이키게 하는 일에 부름 받았습니다. 이 일을 위해서는 돈이나 권세가 동원될 필요가 없었습니다. 사도 바울은 자신이 당하는 일 때문에 하나님의 말씀이 방해받는 것을 본 적이 없었습니다. 바울은 "나는 매였으나 하나님의 말씀은 매인 적이 없다"라고 고백합니다. 어떤 상황에서도 말씀을 전하는 것은 방해받지 않는다고 말하고 있습니다. 바울은 자신의 사도성을 증명하기 위해 능력을 필요로 하지 않았습니다. 우리도 마찬가지입니다. 바울이 그랬던 것처럼 하나님이 우리를 보내셨다는 것을 증명하기 위해 자신을 돋보이게 하는 능력을 갖출 필요가 없습니다. 하나님은 그런 것으로 싸우시지 않습니다.

하나님은 사람을 고치고 살려 내시는 것으로 당신을 증명하십니다. 잊어서는 안 될 중요한 메시지입니다. 예수님은 세상의 것으로는 자신을 증명하시지 않습니다. 결국 본문에서 예수님은 사람들이 바라는 모습으로 자신을 증명하여 유대인의 항복을 받아 내시지 않습니다. 그래서 마침내 십자가에 달리시는 것입니다. 그러나 그것으로 예수님이 증명됩니다. '과연 그는 하나님이 보내신 자였구나! 그분만이 길이요 진리요 생명이었구나!' 예수님은 죽으심으로 인류 역사의 인정을 얻어 내십니다. 이것이 바로 성경이 말하는 것입니다. 그런데 우리는 무엇으로 자신을 증명하고 싶어 합니까? 요한복음 17장에 중요한 기록이 있습니다.

> 아버지께서 나를 세상에 보내신 것 같이 나도 그들을 세상에 보내었고 또 그들을 위하여 내가 나를 거룩하게 하오니 이는 그들도 진리로 거룩함을 얻게 하려 함이니이다 내가 비옵는 것은 이 사람들만 위함이 아니요 또 그들의 말로 말미암아 나를 믿는 사람들도 위함이니 아버지여, 아버지께서 내 안에, 내가 아버지 안에 있는 것 같이 그들도 다 하나가 되어 우리 안에 있게 하사 세상으로 아버지께서 나를 보내신 것을 믿게 하옵소서 (요 17:18-21)

36절의 '아버지께서 나를 보내신 것'이라는 말이 여기 다시 나옵니다. 예수님은 아버지께서 자신을 보내신 것을 세상이 믿게 해 달라고 기도하십니다. 이 일이 어떻게 이루어집니까? 그들을 구원하시고 또 그들을 통하여 다른 사람들을 구원하셔서 사람들이 생명을 얻음으로써 이루어집니다. 아버지께서 예수님을 보내신 것은 그런 방법으로만 증명됩니다.

예수님은 "아버지께서 나를 세상에 보내신 것 같이 나도 그들을 세상에 보내었고"(요 17:18)라고 하십니다. 우리도 그렇게 보내심을 받아 존재하는 사람들입니다. 그러니 우리도 예수님이 이 세상을 사신 것같이 살아야 합니다. 내가 예수 믿는 사람이라는 것을 세상의 방식으로 증명하려고 해서는 안 됩니다. 내가 예수를 믿는다는 것은 나를 통하여 한 심령이 거듭나는 것으로만 증거될 수 있습니다. 이 일을 위해서라면 우리는 어떤 것이라도 감수해야 합니다. 우리는 하루에도 몇 번씩 이런 생각이 듭니다. '아니, 예수 믿는 사람들은 속도 없는 줄 아나? 보자 보자 하니까 정말.' 우리 마음에서 많이 일어나는 생각입니다. 그러나 만일 예수님이 참지 않으셨다면 우리는 모두 어떻게 될 뻔했습니까?

요즘 한국 교회는 세상에서의 성공을 복의 기준으로 여기는 것 같습니다. 예수를 믿으면 병에 걸리지도 않고 직장에서 쫓겨나지도 않고 아이들은 일류 대학에 갈 수 있다고 생각합니다. 그러나 이것은 복도, 신자의 표지도 아닙니다. 신자의 신자된 증거는 다른 것으로 드러나야 합니다. 사람들이 신자를 보면 그들 마음속 깊은 곳이 뜨끔거려야 합니다. '저 사람은 다르다. 아무래도 우리와 뭔가 다르다. 저런 때에도 화를 안 내다니, 자존심도 없는 것 같다.' 신자를 보면 이런 생각이 들어야 합니다.

성경이 우리에게 요구하는 것이 무엇입니까. '오른편 뺨을 때리거든 왼편 뺨을 대라.' '네 원수가 주리거든 먹이라.' 우리는 보냄을 받은 사람들이라는 것을 기억하십시오. 하나님이 예수님을 세상에 보내신 것처럼 예수님도 우리를 세상에 보내셨습니다. 이웃의 운명이 내 손에 있는 것입니다. 그런데도 우리는 얼마나 자주 칼을 뽑고 싶어 합니까? 그 칼은 뺄 수 없도록 강력 접착제로 붙여 놓고 매일 당하고 져 주십시오. 썩는 밀알이 되어 추수할 것이 있는 사람이 되십시오. 이것이 그리스도께서 이 땅에 오셔서 증거하시고 직접 살아가신 방식입니다. 주님이 본문 말씀을 통하여 우리에게 요구하시는 인생의 가장 중요한 원리요 목표입니다. 그렇게 사는 자만이 그분이 누렸던 기쁨에 동참할 수 있을 것입니다.

14

하나님의 영광

37 또한 나를 보내신 아버지께서 친히 나를 위하여 증언하셨느니라 너희는 아무 때에도 그 음성을 듣지 못하였고 그 형상을 보지 못하였으며 **38** 그 말씀이 너희 속에 거하지 아니하니 이는 그가 보내신 이를 믿지 아니함이라 **39** 너희가 성경에서 영생을 얻는 줄 생각하고 성경을 연구하거니와 이 성경이 곧 내게 대하여 증언하는 것이니라 **40** 그러나 너희가 영생을 얻기 위하여 내게 오기를 원하지 아니하는도다 **41** 나는 사람에게서 영광을 취하지 아니하노라 **42** 다만 하나님을 사랑하는 것이 너희 속에 없음을 알았노라 **43** 나는 내 아버지의 이름으로 왔으매 너희가 영접하지 아니하나 만일 다른 사람이 자기 이름으로 오면 영접하리라 **44** 너희가 서로 영광을 취하고 유일하신 하나님께로부터 오는 영광은 구하지 아니하니 어찌 나를 믿을 수 있느냐 **45** 내가 너희를 아버지께 고발할까 생각하지 말라 너희를 고발하는 이가 있으니 곧 너희가 바라는 자 모세니라 **46** 모세를 믿었더라면 또 나를 믿었으리니 이는 그가 내게 대하여 기록하였음이라 **47** 그러나 그의 글도 믿지 아니하거든 어찌 내 말을 믿겠느냐 하시니라.

(요 5:37–47)

계속되는 논쟁

예수님이 안식일에 38년 된 병자를 고치신 일 때문에 예수님과 유대인들 사이에 논쟁이 벌어졌습니다. 예수님은 그 일에 담긴 뜻을 설명하시는 가운데 이 땅에 오신 일의 의미도 말씀하십니다. 앞서 36절에서 예수님은 "내게는 요한의 증거보다 더 큰 증거가 있으니 아버지께서 내게 주사 이루게 하시는 역사 곧 내가 하는 그 역사가 아버지께서 나를 보내신 것을 나를 위하여 증언하는 것이요"라고 하셨습니다. 예수님이 하시는 일은 아버지가 시키신 것으로 사람들을 살리고 구원해 내는 일입니다. 이 말씀이 39절로 이어집니다. "너희가 성경에서 영생을 얻는 줄 생각하고 성경을 연구하거니와 이 성경이 곧 내게 대하여 증언하는 것이니라." 여기서 예수님은 '영생'에 관한 문제를 화제로 삼으십니다. 그리고 이야기는 44절에서 영광에 대한 이야기로 넘어갑니다. "너희가 서로 영광을 취하고 유일하신 하나님께로부터 오는 영광은 구하지 아니하니 어찌 나를 믿을 수 있느냐." 이 흐름을 기억해야 합니다.

예수님이 정말 하나님의 뜻을 이루러 오셨는가 하는 의혹에서 시작된 논쟁은 그분이 정말 하나님이신가 하는 데까지 나아갑니다. 본문 말씀은 예수님이 그것을 증명하시는 과정의 결론 부분입니다. "성경이 영생을 준다고 생각하느냐? 옳다. 그런데 성경은 읽으면서 왜 나를 믿지 않느냐? 너희가 너희끼리 영광을 취하려고 하기 때문에 하나님의 영광을 보지 못하는 것이다."

구약이 드러내는 인간의 한계

기독교가 여느 종교와 다른 점이 무엇입니까? 다른 종교는 도를 깨닫는 데 목적이 있습니다. 도를 알기만 하면 됩니다. 구원 얻는 방법과 원리를 알게 되면 그에 따라 구원을 이루는 주체는 도를 배운 사람 자신입니다. 그러나 기독교는 절대로 도를 깨치는 종교가 아닙니다. 아주 원색적으로 말하면 성경에는 구원 얻는 방법이 나와 있지 않습니다. 성경은 예수 그리스도를 증언할 뿐입니다.

인간은 스스로 무엇을 할 수 있다는 가능성에 본성적으로 집착합니다. 종교를 대할 때도 마찬가지입니다. 스스로 무엇인가 하여 자력으로 경지에 이르고 싶어 합니다. 그래서 문제가 있다면 스스로 해낼 수 있는 그 무엇을 아직 모르는 데 있다고 생각합니다.

예수를 믿는 우리도 이런 생각을 합니다. '지금 내가 들은 이 설명을 누군가가 미리 해 주었더라면 더 일찍 믿었을 텐데, 그때는 설명해 주는 사람이 없었고 또 설명을 들어도 무슨 말인지 이해하지 못했다. 그런데 이렇게 이야기해 주니 척 알아들었다. 구원받는 것은 이제 문제 없다. 내가 얼마나 잘 이루어 가는지 앉아서 구경들이나 해라.' 그러나 이런 생각은 성경이 말하는 기독교에 대해 잘못 이해해서 생기는 것입니다. 39절부터 다시 봅시다.

> 너희가 성경에서 영생을 얻는 줄 생각하고 성경을 연구하거니와 이 성경이 곧 내게 대하여 증언하는 것이니라 그러나 너희가 영생을 얻기 위하여 내게 오기를 원하지 아니하는도다 나는 사람에게서 영광을 취하지 아니하노라 다만 하나님을 사랑하는 것이 너희 속에 없음을 알았노라 (요 5:39-42)

예수님 당시의 사람들도 구원의 도리와 방법을 찾아다녔습니다. 이스라엘 사람들은 구원 얻을 수 있는 조건과 방법이 성경에 있을 것이라고 생각했습니다. 그러나 구약이 증언하는 것은 인간에게는 희망이 없다는 사실입니다.

구약시대만큼 하나님이 철저하게 간섭하신 증거가 나타난 때는 없습니다. 하나님은 이스라엘 백성에게 기적과 재앙으로 즉각적인 반응을 보이셨습니다. 그래서 지금도 구약시대처럼 하나님이 바로 응답해 주시면 좋겠다는 생각을 하기도 합니다. 하나님에게 순종하지 않으면 재앙으로 벌하시거나 악인이 죄를 지으면 나병에 걸리게 하시면 좋겠다고 생각합니다. 그런데 왜 지금은 하나님이 구약시대처럼 하시지 않을까요? 이유가 있습니다.

구약이 증명하는 것은 그렇게 해도 인간은 하나님 앞으로 돌아오지 않더라는 사실입니다. 하나님의 계명을 지키는 일조차도 하나님 앞으로 나아오기 위해서가 아니라 사람들 사이의 우열을 가리기 위해서였다는 것입니다. 제사장 같은 지도층이 평민들보다 더 타락한 모습을 구약에서 자주 볼 수 있습니다. 하나님을 가까이 모시는 자들이 하나님 편에 서지 않고 오히려 자신의 지위를 이용해 사리사욕을 취했던 것입니다.

하나님은 이스라엘 백성에게 처음부터 이렇게 선언하셨습니다. "너희가 내 법대로 살면, 너희가 짓지 아니한 집에서 살고 너희가 심지 아니한 열매를 먹고 너희를 치러 온 적들이 한 길로 왔다가 열 길로 도망가고 너희 하나가 그 나라 군대 천 명을 이기고 만 명을 당해 내리라. 그러나 내 법대로 살지 아니하면, 너희가 지은 집에 다른 사람이 살 것이요 네가 심은 포도나무를 다른 사람이 와서 먹을 것이요 네가 한 길로 쳐들어갔다가 열 길로 도망할 것이라."

구약은 이스라엘 역사가 실제 이 선언대로 흘러가는 것을 보여 줍니다. 이스라엘 사람들이 하나님 말씀에 청종했을 때 어떤 세밀한 보호를 받았는지, 하나님을 외면했을 때 어떤 진노와 형벌을 받았는지를 구약 역사가 증언하고 있습니다. 하지만 이스라엘 백성은 이런 말씀을 듣고 이 말씀이 이루어지는 것을 보면서도 하나님 앞으로 돌아오지 않았습니다. 그래서 구약은 미완성으로 끝이 나는 것처럼 보입니다. '이 백성은 아무리 잘 가르치고 따끔하게 경고해도 방법이 없다. 이들은 개조하는 수밖에 없다.' 이것이 구약의 가장 중요한 결론입니다.

그린데도 우리는 개조되어야 한다는 지적에 항복하기 싫어합니다. 오히려 우리가 할 수 있는 것을 달라고 요구합니다. 스스로 깨달을 수 있고 행할 수 있다고 생각하는 것입니다. 그리고 자기가 해낸 것을 자랑하고 싶어 합니다.

이런 우리에게 예수님이 말씀하십니다. "성경에서 영생을 얻을 수 있을 줄 알고 성경을 연구하느냐? 그렇다. 성경이 너희에게 영생을 가르친다. 그러나 너희에게는 스스로 구원 얻을 가능성과 방법이 없기 때문에 하나님이 나를 보내시겠다고 말씀하신다. 이것이 창세기에서부터 기록된 약속이다. 성경을 제대로 읽었다면 너희가 죄인이라는 사실을 확실히 알아 나에게 매달렸을 것이다. 그러나 너희는 구원 얻기를 원하는 자들이 아니라 자랑하기를 원하는 족속이다. 너희는 너희끼리 영광을 취하고 서로 잘했다고 칭찬하고 너희끼리 잘 먹고 잘 살기 위해서 성경을 읽을 뿐이다. 너희가 말씀을 제대로 확인하여 순종하려고 성경을 읽어 본 적이 있느냐? 아니, 그렇게 할 능력이나 있느냐?" 이것이 본문 39절을 통해 예수님이 우리에게 하시는 말씀입니다.

절망의 종교

기독교는 인간에게는 희망이 없다고 선언하는 종교입니다. 이런 의미에서 기독교는 절망의 종교라고 할 수 있습니다. 다른 종교를 가진 사람들이 자신을 훈련하여 어떤 경지에 도달하려고 할 때, 우리 신자들은 자기에게는 희망이 없다며 주저앉는 사람들입니다. 우리의 구원은 우리로부터 나오는 것이 아닙니다. 누군가가 와서 우리를 붙잡아 가는 방법으로 이루어지는 수밖에 없습니다. 구원 얻을 조건을 내가 이룰 수 없습니다. 내가 나를 붙잡아 구원으로 나아갈 수 없습니다. 이것이 본문의 핵심입니다. 44절을 다시 봅시다.

> 너희가 서로 영광을 취하고 유일하신 하나님께로부터 오는 영광은 구하지 아니하니 어찌 나를 믿을 수 있느냐 (요 5:44)

왜 영광에 대한 논쟁으로 이어집니까? 우리는 절망스럽고 더러운 존재이며 본질상 진노의 자녀입니다. 인간에게는 칭찬할 것이 없고 자랑할 것이 없습니다. 서로를 보며 욕할 것도 없습니다. 모두 다 희망이 없기 때문입니다. 우리 안에는 구원 얻을 아무런 근거가 없어 하나님이 메시아를 준비하셨습니다. 그리스도를 보내신 것입니다.

'메시아'는 히브리어로 '기름 부음을 받은 자'라는 뜻인데, 이를 헬라어로 '그리스도'라고 합니다. '기름 부음을 받은 자'란 하나님의 일을 위하여 하나님이 특별히 세운 자, 곧 특별히 보내신 자를 의미합니다. 예수 그리스도는 우리가 기름 부어 선출한 대표가 아닙니다. 그분은 아무것도 할 수 없는 우리를 위해 하나님이 작정하여 보내신 분입니다. 이제 우리는 왜 이 일에 '하나님의 영광'이라는 말이 나오는지 알 수 있습니다.

누구도 스스로 구원 얻을 만한 능력이 없습니다. 그래서 하나님이 우리를 위하여 예수 그리스도를 예비하셨습니다. 우리 대신 그를 죗값으로 내놓으셨습니다. 이것이 하나님의 영광입니다. 우리가 마땅히 감사해야 할 일입니다. 우리는 성경을 읽고 예수 그리스도를 만나면서 하나님 아버지의 영광에 무릎 꿇게 되는 것입니다. 하나님이 준비하셔서 예수 그리스도를 이 땅에 보내신 것입니다. 우리의 감격과 감사가 여기에 있습니다.

다시 44절 말씀을 봅시다. "너희가 서로 영광을 취하고 유일하신 하나님께로부터 오는 영광은 구하지 아니하니 어찌 나를 믿을 수 있느냐." 이 말씀을 우리가 예수님을 알아보지 못하여 예수님이 안타까워하시는 것이라고 이해하면 안 됩니다. 지금 예수님은 인간의 절망스러운 현실을 담담히 말씀하시는 것입니다. "너희가 나를 알아볼 수 있겠느냐. 너희 실력으로 얻을 수 있는 것은 너희가 생각하는 영광일 뿐 구원이 아니다. 너희 힘으로는 하나님이 뜻하신 구원의 영광으로 나아가지 못한다." 이런 인간의 현실을 말씀하시고 있습니다.

예수님은 지금 자신을 증명하려고 이 말씀을 하시지 않습니다. 이렇게 설명해도 인간은 알아듣지 못합니다. 인간이 알아듣고 바로 항복할 수 있는 존재라면 예수님이 죽으러 오실 필요가 없습니다. "지금 알아들으라고 이 말을 하는 것이 아니다. 너희는 죽으러 온 나를 알아보지 못하듯이 내 말도 알아듣지 못할 것이다. 그래서 내가 죽어야 한다. 내가 죽어서 너희 죄를 속죄하면 아버지께서 너희 눈을 뜨게 하시는 날이 있으리라. 그때 보혜사 성령님이 오셔서 내가 너희에게 한 말을 다 생각나게 하고 무슨 뜻인지 알게 하시리라." 이것이 예수님의 말씀입니다.

우리는 예수님의 죽으심을 기념합니다. 또 그분이 다시 살아나신 것을 기념합니다. 그러나 예수님이 다시 사신 것만 생각하고 말면 안 됩니다. 그가 죽으러 오셨고 마침내 죽으셨다는 사실이, 곧 우리에게는 구원 얻을 다른 방법이 없다는 선언인 줄 알아야 합니다.

우리의 주인

우리는 누구보다 우월하지도 열등하지도 않습니다. 우리는 서로 비교하는 것이 무의미할 만큼 한심한 처지에 놓여 있습니다. 우리에게는 아무런 방법이 없어서 예수님이 대신 죽으셔야 했습니다. 하나님 아버지께서 예비하여 보내신 그가 메시아요 그리스도입니다.

여기서 기억해야 할 중요한 가르침이 있습니다. 사도행전 2장을 봅시다. 오순절 성령 강림 이후에 베드로가 한 유명한 설교입니다.

> 그런즉 이스라엘 온 집은 확실히 알지니 너희가 십자가에 못 박은 이 예수를 하나님이 주와 그리스도가 되게 하셨느니라 하니라 (행 2:36)

예수님은 우리를 위하여 하나님 편에서 보내신 분이기 때문에 그리스도, 메시아입니다. 우리가 요구해서 오신 분이 아니라 하나님이 준비하여 우리에게 보내신 분입니다. 그분은 죽으심으로 우리의 죗값을 대속하셨습니다. 그렇게 해서 우리의 주인으로 오셨습니다. 우리는 이제 그분의 말씀과 요구대로 살겠다고 결심한 자들입니다.

예수님을 믿을 때에도, 또 믿고 난 다음에도 신자가 치르는 가장 큰 싸움은 죄와의 싸움입니다. 죄란 자신의 영광을 취하는 것입니다. 죄는 하나님과 동등하고자 하거나 하나님보다 높아지려는 것입니다. 맨 처음 에덴동산에서 일어났던 타락을 기억해 보십시오. 그때 뱀이 말했습니다. "하나님이 참으로 이 실과를 먹지 말라 하더냐. 이 실과를 먹으면 너희가 하나님같이 되어 선악을 알게 될 것이기 때문에 하나님이 금한 것이다." 아담과 하와는 하나님과 같아지려고 실과를 따먹은 것입니다. 그래서 그들은 죽었습니다. 하나님에게서 추방당한 것입니다.

죄는 끊임없이 자존심을 세우는 것입니다. 인간은 하나님에게 용서와 도움을 구하는 것을 본성적으로 싫어합니다. 그래서 다른 종교를 더 마음에 들어 하기도 합니다. 스스로를 부추길 수 있고, 자기가 행해야 할 것이 있어 스스로 떳떳하다고 생각할 수 있기 때문입니다. 왜 사람들이 예수를 안 믿으려고 합니까? 하나님에게 머리 숙이기 싫기 때문입니다.

우리는 피조물입니다. 하나님이 우리를 만드셨는데, 감히 어떻게 고개를 들며 말대꾸를 합니까? 그러나 하나님은 우리가 하나님을 창조주로 인정하고 항복하는 존재가 아니라는 것까지도 알고 계십니다. 그래서 예수님을 보내셨습니다.

하나님은 우리의 죗값으로 예수 그리스도를 보내고 죽이셨습니다. 예수님은 온갖 조롱과 경멸 속에서 가시관을 쓰고 십자가에서 죽으셨습니다. "너희가 서로 영광을 취하고 유일하신 하나님께로부터 오는 영광은 구하지 아니하니 어찌 나를 믿을 수 있느냐." 예수님은 이런 우리를 아시기 때문에 죽으신 것입니다.

그래서 오늘 우리가 이 자리에 있습니다. 그런데 우리는 아직도 '네. 하나님, 제가 믿어 드렸습니다. 됐지요? 제가 하나님에게 해 드릴 것을 했으니 이제는 하나님도 제가 필요로 하는 것을 해결해 주십시오.' 하는 수준에만 머물러 있습니다. 이런 요구가 얼마나 부끄러운 것인지 깨달으십시오.

우리는 하나님을 알았습니다. 그러니 그분을 주인으로 모실 줄 알아야 합니다. 그분 앞에 항복하고 무릎 꿇으십시오. 그분의 말씀에 순종하기로 결심하십시오. 이것이 우리의 복이요 유일한 생명의 길입니다.